ユーモアを愉しむ

青木怜子

論創社

ユーモアを愉しむ　目次

序章　「笑う門には福来る」

かつて日本人は生真面目で、欧米人に比べれば、その控えめな表情には笑いがなく、腹の中では何を考えているのか分からない、と思われていた時代もあった。そういった日本人の意思表示のなさに不気味さを覚え、それが偏見を生んだこともあった。

例えばそれは、明治から昭和初期にかけ出稼ぎでアメリカなど海外に渡った移住者が、往々にして語学の障害から意思伝達がうまくいかずに偏見を生んだ背景にも顕著に表われていた。しかも、彼らはその語学の壁から、どう意思表示をしてよいか分からずして生じる沈黙の一瞬を、まるでごまかすかのようにただ笑っている。それは日本人独特の照れ隠しからの笑いであったかもしれない。だがそうした彼らの顔を見て、ニタニタ笑いで不気味だという新たな偏見を生むこともあった。というのもそういったニタニタ笑いは、決して豊かな表情としての笑いではなく、沈黙をごまかすための卑屈な笑いであったからである。

一方、近年になって日本人が天災や不幸にあっても我慢強く、時には笑みさえ浮かべて辛さを耐えている表情を美徳だとする捉えられ方も生まれるようになった。それは阪神・淡路大震災や、東日本大震災の不幸のどん底にあっても、人々が暴動一つ起こすことなく、品薄になったスーパーで整然と列を組んで順番を待ち、時には静かな笑みさえ浮かべて互いに助け合うその姿勢に、外国からのレポーターは心打たれたという報道もあった。

考えてみると、日本人にとって、元来意思表示の一つである笑いの表現とはどんなものであったのだろうか。そして日本人にとって、「笑い」とは一体何なのであろうか。

実は、日本には、日本人が古来「笑い」を好む気性を持ち、その姿勢を最も的確に表現すると思われる言葉に、「笑う門には福来る」という格言がある。ちなみにネットでその意を問えば、「笑う門には福来る（あるいは福来たる）」とは「笑いの絶えない家には、自然と幸福が訪れること」だと教えてくれる（『小学館　デジタル大辞泉』）。さらにそれを四文字熟語に纏めれば、「笑門来福」となるが、ただしこれは中国由来の熟語ではなく、その発祥地は日本であるとさえ付け足してもあった（「マイナビニュース」）。

そこでさらにその格言の詳細を再びネット情報に求めれば、まずはその由来について、多くの情報が正月に遊ぶ「福笑い」を挙げる中で、北村孝一監修の『ことわざを知る辞典』（小学館）のように、「日本中世の祝福芸が考えられる」と言及するものもあるという（小学館『コトバンク』）。つまり「当時は、正月になると七福神である大黒天と恵比寿の姿に変装した人が、家々の門前に現れて笑いを振りまき、家の人から金銭などのお返しを受け取る大黒舞という風習があった」という。さらにその格言が普及した経緯については、この行事が上方（京都）いろはがるたの札として取り上げられたことで広まったと記すものもあった（「All About 暮らしの文化」、「kotowaza-everyday.com」）。

そういえば七福神の中には、笑いがこぼれて止まない「恵比寿さん」や、ふくよかな頬で福袋を背負った「大黒さん」があり、見ているものを何となくにっこりとさせてしまうのである。しかも七福神の全体像は、この笑いを振りまく神様の他にも、それぞれが豊かな表情を見せていてなかなかにほほえましい。

だがその様相は、奇しくも普遍的な人気をもつディズニー漫画の『白雪姫』に登場する七人の小人たちとも通じている。その中には怒《おこ》りん坊《ぼう》、はにかみ屋のテレ助、くしゃみのスニージー、おとぼけで剽軽《ひょうきん》ものといった表情豊かな登場人物が配されていて、どことなく七福神のキャラクターと似ているのである。やはり豊かな表情で「笑い」を誘うキャラクターは、世界に共通するものがあるのであろうか。

元来、「笑い」という表情や心理的動向、行為、あるいは表現法についての研究は、心理学や脳科学、あるいは哲学の領域でも真摯な研究が続けられてきたことであろう。例えばそれは、中山元著『わたしたちはなぜ笑うのか——笑いの哲学史』（新曜社、二〇二一）の目次だけを見ても分かるように、デカルト、ホッブズ、スピノザ、スペンサー、ニーチェ、カントといった錚々たる西欧の近代哲学者たちも、「笑い」についてそれなりの理論を打ち立てているのである。だがそれは「夢」の研究と同じく、細かい症例を幾多も紐解いていくと、絶対にこういうものだという結論にはなかなか行きつけないものかもしれない。

そこで「笑い」の研究家でもなく、「笑い」については全くの素人である私が、あえて多少なりとも「笑い」について述べるとすれば、それはあくまでも個人的な体験話を基に、その背景となるものを自分なりに整理する。その上で、それがたとえ陳腐であれ突飛であれ、「笑い」に関して自ら思うところのものをただ書き留めていくに過ぎない作業となろう。それゆえに、時には非科学的な分析となることをも承知の上で、私の身辺にはこんな笑いがあったというくつかの実例をもとに、ユーモアについて自分なりに纏めてみたいと思っている。

なお本書では、これらの愚見や論拠を裏付けるものとして、あえて専門書ではなく、誰しもがごく手近に得られるもの、いってみれば「知識の宝庫」でもある事典や辞書やネット情報に依拠したものであることを断っておきたい。（本序章では、ネット辞書やネット情報として、『goo辞書』、『Oggi.jp』、『小学館コトバンク』、「マイナビニュース」、「All About 暮らし」等を参照した）。

第一章　お笑いの世界と「ミスター・ビーン」

今の日本ではお笑い芸能が旺盛で、その余波を受けてか、テレビでみるドラマにしても、あるいは報道番組にしてさえもが、それぞれ本業の俳優やアナウンサーに代わってタレントやお笑い芸人が数多く出演する。ましてや人々の耳目を集めるコマーシャルについては言うまでもない。彼らは、それがたとえバラエティーショーであれニュース番組であれ、時には司会者として時にはゲストとして出演し、視聴者が茶の間で見るニュースや話題を賑わせては、わかりやすく気楽にみられるように娯楽化することさえある。

こうしたお笑い芸人のなかには、さすが寄席で鍛えただけのことはあって、自身が持つ芸やギャグや知識を上手く披露する芸人もいれば、単に奇抜な衣装や奇天烈《きてれつ》な表情を晒し、あるいは漫才でやるようにむやみに小突き合ったり、叩き合ったりする人もいる。時にはあえてスリリングな芸を求められ、その結果失敗すれば水槽などに落ちてはずぶ濡れになるなど、いわば体を張ってでも笑いを取ろうとするものもある。

そういった過剰なプレーは、必ずしも芸人が人受けするためだけに仕組んだ技ではなく、時には番組プロデューサーの発案によることもあるであろう。それは、いわばドタバタ喜劇の要素をも加味して、あえて観客の笑いを引き出そうとするものでもある。

元来、どこの国にあっても喜劇的な要素を持つ娯楽は多々あり、古代ギリシャ劇にしても、あるいはシェィクスピア劇や壮麗なオペラにしても、たとえそれ自体喜劇と謳われる作品でなくとも、必ずと言っていいほど舞台での演技が観客の笑いを誘うシーンというものがある。それは日本の古典芸能でも同じことで、歌舞伎は勿論、能舞台でも、面《おもて》や謡い・台詞や振り付けによって妙におかしみを演出し、それにより観る人々は思わず相好を崩してしまう。

しかし、人々が思わず笑い出してしまうシーンというのは、必ずしもこうした演出による舞台の上だけではなく、人々のごく日常の生活の中にも、意図しないような人の仕草や台詞が期せずして笑いを誘うことはしばしばある。たとえば幼児のふとした仕草や、ペットなど動物たちの愛くるしい動態に、私たちは思わず用意もなく笑ってしまう。そうした笑いは自然発生的なもので他愛もないが、和やかな雰囲気を作り出すことが往々にしてある。

こうした日常生活の中での笑いには演出がないとはいえ、だからこそそうした「自然の笑い」を引き出そうとする演出もまた生まれ、実は自然体の笑いと演出上の笑いは絶えず追っかけっこをしているのかもしれない。近年では、あえて自然体を演出により引き出す事例は舞台や映画に限らず、You Tubeに投稿される画像にさえ大いに表われている。

この人間の言動が自然体であればこそ生み出す笑いの演出例としては、イギリスの現代大衆コメディーとして人気のある「ミスター・ビーン」あるいは「Mr.ビーン」(Mr. Bean)のことが思い出されよう。テレビなどで放映されていた人気番組であればこそ、見た方も多くあるにちがいない。

番組は、もとはといえば一九九〇年にイギリスで放送されたTVシリーズであったが、やがてアニメや劇場版の映画となって広まり、日本をはじめ世界中で人気を呼んでいった。NHKでも放映していたことがあり、私自身もシリーズのすべてではないが、部分的にNHKで見た記憶がある。またこの時期は海外に出向くことも多かったので、アメリカやヨーロッパでも見たことがあり、今でもその画像を明確に思い出す。そうした記憶を辿りながら、ミスター・ビーンが仕掛ける笑いの連鎖、さらにはその特異性を見ていきたい。

制作者でもあり、自ら演じもするローワン・アトキンソンの「ミスター・ビーン」は、アトキンソンの演技もさることながら、顔の表情がものを言う「フィジカル・コメディ」、つまりパントマイムと同様に、言葉を用いない「ヴィジュアル・コメディー」であった。番組は思いがけないほどの人気を博し、番組終了となる一九九五年までに一四本のシリーズが作られている。

すでに触れたが、その爆発的人気はイギリスに留まらず世界中にも広まったため、二〇一二年のロンドン・オリンピック大会では、あたかもイギリスを象徴する文化でもあるかのように、「炎のランナー」の曲をバックにミスター・ビーンを演ずるアトキンソンがコミカルな演技を入場式で披露した。その画面をテレビで観た方も多くあろう。

日本でも、かつて人気を博したこのキャラクターは、岡村隆史や内村光良、志村けんなど多くの日本のお笑い芸人によっても、ものまねや話題とされて再現されることも多かった。その上、主役のアトキンソンが一九九八年に初来日したことが、日本での人気を一層上昇させたという。

作品の中では、主人公ビーンは一九五六年九月一五日生まれだと詳細な年月日まで規定されている。だがその名前はビーンというだけで、個人的な背景にはミステリアスな部分も多い。そのことが逆に、ある特定なキャラクターではなく、一般化された人物像、つまり何処にでもいるありきたりの中年男といった想定で、主人公をより一層視聴者に近づきやすくしているのかもしれない。

演出の上では、ミスター・ビーンはロンドン北部のイズリントン地区にあるHighburyの低廉なフラットに住むごく庶民的な人物像と設定されている。だが一方で大学卒という設定もあり、いわば労働者階級ではない低所得の中産階級層と分析する人もいる（ミスター・ビーンオフィシャルガイドブック『ビーンマニア』、一九九八）。

またビーンは車の運転にはかなり凝った趣味を持っているが、絶えず大衆車にしか乗らず、それでいて登場する車の形や色を見ただけで、またあの男の車か、とそれだけで人々は相好を崩してしまう。だがその一方で、車の盗難を防ぐために南京錠を取り付けたり、ハンドルを外して車を離れたりするなど法外に奇異な行動もあり、そういった行動にミスター・ビーンのそこはかとない可笑しさを偲ばせるのである（スズキアカネ『ミスター・ビーンの謎』、ネコパブリシング、一九九八）。

車への執着心のほか、彼の愛玩具としていつも登場するのはクマのぬいぐるみテディベアであった。ビーンはそのクマにクリスマス・プレゼントを贈るなど、テディへの執着ぶりは、猫っ可愛がりならぬ熊っ可愛がりであった。

日本の双葉書房から出版され、アトキンソン自身がメモ代わりにと、カレンダーに殴り書きしたという『ミスター・ビーンの秘密の日記』にも、各所にテディの事が書かれている。例えば、四月二七日の誕生日を祝う言葉や、クリーニングから戻ったジャケットのポケットに入ったままのテディをみては、「お帰り、万歳！」（"Found Teddy! Hurray!"）といった言葉が記されている（*Mr. Bean's Highbury District Council Diary*, Futaba Shobo, 1998）。

だがその一方で、手違いとはいえテディの首をもぎ取ったり、ペンキ用のブラシ代わりにしたり、あるいは洗濯機に入れて揉みクシャにしたりするなどの蛮行も見逃せない。車のシーンと同様、ここでもまた彼の奇異な性格が描かれている（『ミスター・ビーンの謎』）。

しかし、だからといって番組では、彼が狭隘で粗雑かつ非人道的な人格としては描かれていない。そういったところに、主人公が決して憎まれず、むしろ大衆からは愛されているキャラクターとなっている。だからこそ番組がロングセラーの人気を博していたのかもしれない。つまりロングセラーとなる「笑いの番組」は、ある程度人々に許容され、愛される要素が必要であるのだろう。

だが、たとえ愛された存在だったとは言え、ミスター・ビーンのキャラクター自体は、やはりかなり滑稽な人物像の片鱗を窺わせるように描かれている。しかも、ミスター・ビーンが持つ真の可笑しさというのは、実は必ずしもその異質性そのものにあるのではなく、むしろその異質性が醸し出す偏執的な性格にこそあるのではないか。実際、その偏執的な性格がいつも事を大げさにしているからである。

つまり主人公は、本質的にはどこにでもあるような平凡な人物であって、彼のなすこと自体は多かれ少なかれ誰もがやり、またその失敗は誰にでも起こり得る日常の経験談として披露されている。だからこそ彼の失敗が人々の共感を呼んでいるのであろう。ただ、彼の異常なほどに固執する偏執性あるいは粘着性ゆえに、その失敗をしつこいほどに繰り返し、開けた穴をより一層大きくしてしまう。そのことの可笑しさがとめどもなく人々の笑いを誘っていくのである。

それはまるでデュカスの交響詩「魔法使いの弟子」のように、師匠の留守中、弟子が魔法をかけて水汲みの術には成功するものの、今度は水を止める術が分からずに焦って様々な策を講じていく。だが策を講じれば講じるほど、より一層事態を悪化させてしまうという滑稽さにも似ている。

「ミスター・ビーン」でもまた、主人公がふとした手違いから些細なことを複雑にしては、それを解くために独特の偏執癖によって、くどいほど真剣に取り組んでしまう。その時の表情が細やかであって、観客の笑いを一層に呼ぶ。ミスター・ビーンの可笑しさが、台詞はなくとも主人公の表情や動作のみで笑いを誘うところが「ヴィジュアル・コメディー」だと言われる所以でもある。

もっとも、“Free Encyclopedia Wikipedia”などによれば、ビーンを演ずるアトキンソン自身は、ビーンには「ちょっとした宇宙人的違和感があり、もしビーンが自分の近くにいたら、僕は彼と友達にはなりたくない」と述べたことがあるという。それはビーンの性格が自己中心的で、納得のいかないことには頑として従わず、自らの行動論理を貫き通すという一種偏執的な性格のためかもしれない。

このミスター・ビーンの人物像分析の結果を見ているうちに、ふと思い出すことがある。それは古代から中世にかけてヨーロッパで圧倒的な影響力をもって説かれてきたphysiology（生理学）のことである。つまりそれは、ラテン語に語源を持つユーモアhumour（humor）なるものが大方の人間の気質を支配するという説であった。

手元にある英文百科事典*The New Encyclopedia Britannica*によれば、元来humour（humor＝ウモール）とは、語源のラテン語では液体（liquidあるいはfluid）を意味し、それは体内を流れる主要な液体である血液（blood）、痰（phlegm）、黄色胆汁（choler）＝（yellow bile）、黒色胆汁（melancholy）の四種類の液体を指すのだという。この四種類の体内液体が人それぞれの性格や体型・骨格を決定的に形成する。そしてその四要素が均衡を保つ時、人は正常な性格となるのだが、一旦そのバランスが崩れると、特異な人間しての異質性を表示するのだという（*The New Encyclopedia Britannica,* 以下*Britannica*と表記、1995, VI）。

ちなみにこうした性格を舞台上の登場人物に仕立てたのは、一六世紀イギリス文壇を担った劇作家Ben Jonsonであったという。彼はその作品*Everyman Out of His Humour*（1599）に、このhumor（ウモール）の四分類法にのっとった登場人物の性格をあしらい描いていると、

*Britannica*は別の項目で説明する（*Britannica*, VI）。だとすると、仮にミスター・ビーンが中世以前のヨーロッパ世界に生きていたならば、差し当たり彼の固執する粘着性は、その体内のhumor（ウモール）がバランスを欠いたが故に生じた人間像だと分析されたであろうか。

しかし、こうした中世までは支配的であったhumor（ウモール）をめぐる生理学的分析は、やがて近代哲学や近代科学の発展によって衰退してしまう。だが究極的には、人々の異質性に関する尽きない興味を残したままhumor（ウモール）から生まれたhumour（ユーモア）という語彙が、新たな「笑いの感覚」を人々に植え付けていくのであった。

第二章　日本の「笑い」を育てた寄席と落語

「ミスター・ビーン」のヴィジュアル・コメディーに対し、もっぱらトークで笑わせるものにヴォードヴィル（ボードビル）がある。ヴォードヴィルはもとはといえば一七世紀フランスに発祥し、パリなどの大都会で流行したコメディー風の小演劇であった。それは主として舞台での口上や演技で人を笑わせるものであったが、のちにアメリカに普及し、歌や踊りや手品などを取り入れての舞台ショーを展開するようになったという（小学館「ボードビル」『デジタル大辞泉』）。

だがヴォードヴィルの発展ぶりを、今少しいくつかの辞典を基に概観してみると、すでに一七世紀より遥か以前にその起源があったという。例えばそれは一五世紀にノルマンディーの職人が風刺的なシャンソンを歌っていたというもので、やがて歌は職人が住むVire地方から、いくつかの谷々（vaux=valの複数形）を越えて他の地域にも広まっていった。そのことから、ヴォードヴィルは、Vire地方の谷々（vaux de Vire）が転じてvaudevilleになったとされている（『世界大百科事典第2版』）。

とはいえ旧説にはよくあるように、ヴォードヴィル発祥については諸説あるかもしれない。だがいずれにせよ、それらの説に共通するのは、ヴォードヴィルで歌われたシャンソンには、風刺の意味が込められていたことであり、その風刺の内容が人々の笑いを誘ったのであろう。

一方日本では、寄席で登壇する漫談、漫才、落語・講談などがトークショーとして挙げられよう。そのうち落語や講談や漫談は一人演者で語るのに対し、漫才は二人、やがて三人組を結成するミュージックトリオなどが現れて複数メンバーが出現する。それらトークの演目の間をとりもって、手品や切り絵、皿回しや傘回しなどの余興も演じられるようになった。寄席の興行はある意味でアメリカのヴォードヴィル・ショーに近いのかもしれない。

日本での寄席興行の歴史は江戸後期に始まり、その江戸で寛政一〇（一七九八）年六月、噺家《はなしか》の初代三笑亭可楽が下谷稲荷の境内で語ったものが、現状に近い形で行われたものとしては、最初の寄席演芸であったとされている。演目は現在の講談に近いものだったという。だがその契機を作ったのは、実は、同年に大阪から江戸に来た噺家・岡本万作であって、可楽は万作が神田豊島町に常設の寄席小屋を作ったことに対抗して、江戸下谷の稲荷神社境内で寄席を開いたのだという（関山和夫「寄席」『平凡社大百科事典』XV．同じく関山和夫「寄席」『日本大百科全書（ニッポニカ）』小学館』。

そういえば、『平凡社大百科事典』や『日本大百科全書（ニッポニカ）』などの事典には、神社や寺院の境内を借りて辻咄《つじばなし》や講釈が語られていたのは、それ以前の天和《てんな》・貞享《じょうきょう》（一六八一～八八）といった江戸初期（一七世紀）からすでにあったという記載があり、さらには噺家の自宅でも「噺の会」が時折持たれることもあったという。つまり落語に限らず人を集めた興行自体は、たとえ常設ではなかったにせよ、寄席が開かれるようになった一八世紀以前からすでにあったことになる。それは大まかな時代区分ながら、フランス地方で流行ったヴォードヴィルの歴史とも符合しよう。

しかもこの一七世紀から一八世紀にかけて江戸で根付いていく落語は、実はそれ以前、つまり、元禄時代（一六八八～一七〇四年）にすでに大阪で根付いていたと辞典は説明する（関山和夫『日本大百科全書（ニッポニカ）』）。そうしてみると、寄席の発祥と落語の発祥とでは、それぞれが深く関わり合いながらも、必ずしも同一視できないのかもしれない。だがいずれにせよ、寄席や落語が、江戸・上方を問わず、古くから江戸文化を象徴する芸能であったことに違いはなかった。

起源の古さからいえば、後に寄席に登場するようになる漫才もまた、遥か以前からあったものであり、むしろそれは落語よりも数段古くから人々の生活の中に根付いていたといえるかもしれない。というのも、そもそも漫才の起源となる「萬歳」すなわち「万歳」は余興というよりは、むしろ新年の縁起を祝って謡い舞った「恵方万歳」や、五穀豊穣を願う農村行事に見られる一種の神事あるいは祭事であったからである。やがてその流れを受け、万歳は古くは奈良時代、少なとも平安時代には伝統芸能として確立されていたという（『日本大百科全書（ニッポニカ）』、『コトバンク』）。

この伝統芸能としての万歳が、やがて大衆芸能の分野に進出するようになったのは江戸時代後期であり、それは正に寄席の場を借りてのことであった。さらにその万歳を基に、現在のような掛け合い漫才が舞台で出し物として取り上げられるようになったのは明治中期以降とされ、漫才の由来は奈良時代の祭り事としての『萬歳』から連綿と続いている話なのである（平凡社『大百科事典』XIV）。

このように、たとえ落語や漫才がそれぞれの起源を異にしても、いずれもが江戸時代にはその興業の場を寄席に託すようになり、江戸では寄席が大繁盛するに至った。江戸時代にあって寄席が最も盛んであったのは文化・文政時代（一八〇四～三〇年）であり、文政年間（一八一八～三〇年）に常設されていた寄席は一二五軒を数えたという。やがて財政の引き締めで、生活の贅や娯楽が粛正された天保改革（一八四一～四三年）により寄席興行は著しく縮小化されたものの、その後の安政年間（一八五四～六〇）には再び盛り返し、以後隆盛を誇ったという（関山和夫「寄席」『日本大百科全書（ニッポニカ）』）。

こうして江戸時代に普及した寄席の存在は、やがて明治時代ともなれば、新喜劇や浅草オペラなど新しい娯楽の出現により芸能そのものが多角化したにもかかわらず、依然として根強くあり、むしろ庶民にとっての娯楽場としてますます栄えていった。

実は私の母は明治二九年に神田で生まれ、やがて上野の池之端に移って少女時代を送るが、まだほんの幼児であった頃に、父親、つまり私の祖父に連れられて寄席に行ったことがあるという。寄席は上野辺りであったのだろうか。詳細は聞きそびれたが、祖父にはかなりの時間があり、おそらくは暇つぶしに、まだ幼児だった娘を伴って出かけて行ったのに違いない。

開幕時間を過ぎたばかりの昼の時間帯には、観客席は疎らで、ほとんどがらんどうであったという。無論当時のことゆえ椅子席ではなく畳席であったろう。座っていた席がどんな席であったかは分からないが、当時の寄席であればさして広い空間ではなく、高座からも見通しの利く席であった。演じられたのは落語というよりも、講釈師による講談であったかもしれない。だが幼児には往々にしてあるように、何故ということもなく芸人のおかしな仕草や表情を見ては、ただただ笑い続けていたのであろう。すると高座から、ホラ、そこのお嬢ちゃん、そんなに笑っていると顎が落っこっちゃうよ、と声をかけられたという。

今から思えば、寄席などに学齢期前後の子どもが行くこと自体が不釣り合いに思えるし、母の育った家庭の躾《しつけ》も厳しく、たとえ子どもが習い事などしても遊興と思われぬように気を使っていた家の中で、ただ一度であったかもしれないにせよ、寄席通いが何故実現したのであろう。今となっては訊く縁《よすが》もないが、思えば母の笑いの感覚はこの幼児時代に植え付けられていたのかもしれない。

その母は、四人姉妹の次女として生まれ、そうした姉妹構成としてはご多聞に漏れずに、長女や末っ子ほどには溺愛されず、つまり特段に構われることなく育てられた。その上、妹となる三女が病弱で早世したこともあって、自ずと姉妹の中での母の立ち位置は人畜無害、無難に育てられたに違いない。

一人でおとなしく火鉢の傍《そば》に黙って座っていると、まるでご隠居さんみたいね、と言われもした。そんな話を聞くと、寄席で笑い転げていた幼女時代の母の姿とはどうしても結びつかない。だが若き「ご隠居さん」も、母の話を聞いていると、あながちむっつり屋の偏屈ではなく、さっぱりした気性で結構皆を笑わせていたところはあった。

習い事は当時の子女としては当然のこととはいえ、母は華道、茶道、書道のほか、日本の古典舞踊や琴、三味線に加えオルガンまでも習っていた。後に成人してからは、洋楽黎明期の大正時代に活躍したピアニスト、ジェームズ・ダンの舞台演奏をも聞いている。父親をアメリカ人、母親を日本人に持つジェームズが、彫の深い顔立ちに落ちる前髪をさっと掻き上げてはピアノを演奏する。その仕草が何とも魅力的であったと母は語った。かく言う母は、当時としてはまことに先進的な女性であったのだろう。

一方、目の病を患ったことのある娘時代には、療養のため一カ月ほど手伝い付きで湯河原の宿に長逗留していたこともあったという。次女だからといって、あながち疎外されていたわけではなかったのだろう。神経質で他人の気持ちに対しても繊細ではあったが、生来の気性としては大らかで、その神経質なところさえも、茶道でのお濃茶の回し飲みなどのお陰でやっと克服できるようになったという。

母の父、つまり私の祖父は、元々は岡山の出であったが曾祖父が江戸に移り、以来東京の在となった。祖父は、病弱であった長男に代わって一時は家業であった宮内省御用達の建築業を継いだが、無論自らは建築の技も資格もなく、ましてや直接仕事に関わることさえなかった。おそらくは財があってか人脈があってか、優秀な仕事師を抱えていたことで事業が成っていたとしか、母からは聞いていなかった。

その母の話によれば、後年の祖父は分家して職も辞し、風流人として過ごしたという。それでも出雲大社から権禰宜《ごんねぎ》の称号を受け、現在でも湘南の鵠沼にある賀来《かく》神社の御神体を九州大分からお連れしたという経歴を持っている。決して道楽に明け暮れた遊び人ではなかったが、時には寄席に、時には庭にあった釣り堀で釣りに興ずるなど、それなりに心にも余裕ある人生を楽しんだのかもしれない。私が誕生した頃にはすでに祖父は逝き、私が直接祖父に接することはなかった。

一方、祖母は気丈でしっかり者ではあったが、私が幼児として接した限りの記憶では、結構茶目っ気で愉快なところがあった。戦中の事とて食糧事情も悪くなりかけていた頃、たまたま美味しいバターとジャムが入ったからと、泊りがけで来ていた祖母と共に皆で朝食のパンを楽しんでいた。あるいはバターは祖母の手土産であったかもしれない。

すると母は祖母がジャムだけしか付けていないのを見て、遠慮をしているのではないかと気遣い、「バターも上がって」と言った。だが祖母は、「ご心配ご無用」とばかり、パンをくるりと裏返して見せた。何とそこにはバターがたっぷりと塗られ、パンはリバーシブルになっていたのだった。してやったりとばかり、黙ってニッコリと笑ったのは祖母。「あら、まあ」と思わず言ったのは母。他愛もないことなのに、家族皆でひとしきり笑ったものだった。当時、父は単身赴任で、駐ケープタウンの任を終えてからは上海へと転勤。家は寂しくもあり、戦時下で笑い声の少ない時代であった。

その戦時下で幼少期を過ごした私は、やがて終戦となっても社会全体に余裕のなかった時代を生きてきたからでもあろう。母とは違い、幼少期は無論のこと、成人してからさえも本場の寄席などに行ったことも無かった。後に、小さな座敷芸や余興としての落語を聞いたことが精々であったろうか。それは当時、時代が時代であったからでもあり、戦時中は無論のこと、それに続く終戦期といった社会環境の中では、都会に住んでいたわけでもなかった私たちにとって、そう簡単に寄席などに行く余裕は、時間的にも経済的にもなかったのである。

寄席経験もなかった私ではあったが、生まれて初めて落語なるものを耳にしたのは、思えば戦前のことで、忘れもしない、ラジオを通してであった。それは私が小学校に入学したての初冬の夜、すでに戦争の足音が忍び寄って来ていた頃だった。私は子どもだからと言って早々と寝かされ、襖越《ふすま》しに聞こえてくる隣の部屋からのラジオを聞いていた。当時ラジオ放送といえばＪＯＡＫ、つまり現在で言うＮＨＫの前身となる東京放送一局の時代であった。

聞き耳を立てるでもなく襖越に聞こえて来るのは、ラジオを前にした母と八歳年上となる兄の、押し殺した声ながらも、何やら笑い興じている声であった。それに加え、噺家の声も聞こえて来る。その噺家が誰であったかは不明だが、どうやら雷に遭った男が安全な場所を求め、「放送局」なら頑丈な建物で安全だと、拾ったタクシーに放送局まで行ってくれと言っている。話は、その道中に運転手と交わす会話のやりとりにあるらしかった。

やがて目的地に着くと、運転手が料金を請求する。当時のこととて紙幣ではなく、硬貨を求めているのだろう。幾らだか忘れたが、「金なんか払えるかよ〜」と、客が言う。「考えてみろよ、なあ。今、金なんか出そうもんなら、雷さまがよ〜、ホイ来た、待ってました！とばかり、金めがけて落っこちてくるじゃね〜か」と、ごねる客。

そのやり取りの台詞にある「間」のとり方が上手《うま》かったのだろうか。隣の襖越しに聞く子どもにさえも、妙におかしさが伝わってくる。私も思わずクックと布団の中で笑っていた。それは子どもであった私に、強烈に印象に残る初めて聞く落し噺であった。

だがそれ以来、終戦となるまで、慰問歌を除けば、落語はもとより賑やかな娯楽放送がラジオから流れてくることはなかった。聞く側にしても娯楽を楽しむゆとりなど、到底無かったのが当時の状況であった。

やがて戦争が終わると、今まで禁止されていた華やかな音楽や笑いに興ずる放送が一斉にラジオから流れ、ラジオは、今や「大本営発表のニュース」から一転し、賑やかな歌声や、娯楽番組としての落語や漫談や漫才をも放送するようになった。子ども心にも、何故か巷にはやたらと落語などに興ずる人々の声が溢れていた記憶がある。

それは今まで、部屋の中の光さえもが外に漏れぬよう布や新聞紙で電球を覆い、できるだけ声を潜めては、物音一つ立てぬよう神経を高ぶらせてきたことへの反動であったのかもしれない。それに、あの終戦時の途切れ途切れにしか聞こえなかった玉音放送の時代からも一転し、ラジオの機器も電波も、あるいは改良されてきたのかもしれない。当時、突然の停電こそあれ、騒々しいほどにラジオから流れる余興が今や当たり前となっていったのである。そしてやがて早晩、ラジオに代わってテレビが放映されるようになると、今度はテレビが専ら笑いの舞台を提供するようになった。

たしかにラジオ時代には、声でしか聞くことができなかった落語が、テレビでは噺家の表情や仕草、例えば扇子を使って箸にでもキセルにでも変容する細やかな技や仕草や表情が窺われた。あたかも寄席にいるかのような臨場感で、演者の息遣いまでもが感じられたのである。あの絶妙な落語の「間」さえもが、ラジオで聞くよりもテレビで観る方が遥かに妙味を伝え、手に取るようにして分かる演者の芸の良し悪しさえもが赤裸々に伝わってくる。もはやテレビで観る演芸は、寄席に足を運ばなくても楽しめる娯楽となっていた。

おかげで私も、寄席通でもないくせに、古今亭志ん生の語り口や表情の変化にすっかり魅せられていた。「志ん生もいいけど、男だろうが女だろうが、何をやってもみんな同じ声《おんな》だから…」という辛口の母の批評をよそに、私はすっかり志ん生ファンになってしまった。

それにしても、志ん生はもとより、なんと多くの落語家の噺をラジオやテレビで楽しんだことだろう。いつの間にか、落語の口上とまでとは行かなくとも、「ジュゲム、ジュゲム、ゴコウノスリキレ、カイジャリスイギョノスイギョウマツ、ウンライマツ、フウライマツ、クウネルトコロニスムトコロ、ヤブラコウジノブラコウジ、……」といった辺りは今でも全部諳《そら》んじられるようになってしまった。

やがてラジオでは「とんち教室」がNHKの人気番組になった頃、私は図らずしもその番組で、雷の話を再び落語家の口から聞いたのである。それは回答者としてレギュラー出演していた噺家・春風亭柳橋のなぞかけの話であった。柳橋は「雷」とかけて何と解くと聞かれ、「瀬戸内海」と答えた。その心はと問われれば、「ヘソ無いかい〜　ヘソ無いかい〜」と答えたのが話のオチであった。他愛もない話とは言え、それは私が幼くして聞いた初めての落語、あの雷の話を思い出させたのであった。

今にして思えば、「とんち教室」で用いられていたなぞかけ問答は、さしづめ現在ならば、日本テレビ系列で人気を博す「笑点」の大喜利《おおぎり》を活用したものとも説明できよう。だが「大喜利」そのものは、かつて江戸時代から「寄席の最後に行われる演芸形式」であり、そこでは一定の「お題」のもと、出演する噺家たちが当意即妙でしゃれの効いた回答を競い合ったという。つまりそれは、寄席本来の演し物でもあった。しかもその大喜利は、元来ならば暮れや正月やお盆にだけ組まれるという特別の演し物でもあったという（「コトバンク」、「Weblio英和・和英辞典」など参照）。

したがって終戦直後の昭和二四（一九四九）年からNHKで放送されていた「とんち教室」では、その番組の中で、いわば現代の「笑点」を先取りした形で正しくこの寄席演芸により、茶の間を賑合わせていたということになる。それだけ当時の社会が落語に代表されるような明るい演し物を求めていたのであった。

そうした落語の世界は、やがて後年、私たち一家がアメリカに住むようになってからも、思わぬところで、居合わせた母と私を突然笑いの世界に誘い込んでしまった。それはまだ、海外への渡航が今ほどに自由ではなかった一九五〇年代後半、父の勤務の関係で、親子三人してワシントンDCに在住し始めた頃の話である。

私たちがこのワシントンDCで最初に住いとしたのは、古めかしいアパートではあったが、それなりに格式があり、エントランスを入るや否や受付となる立派なリセプショニスト・ルームを備えた建物であった。だがそのリセプショニスト・ルームの窓口に常時座っていたのは、およそ愛想のない、言ってみれば、生まれてこの方笑ったことさえ無いと思えるような無表情で痩せ気味の中年女性であった。それがある日突然、豹変したかのように美しい笑顔を私たちに見せ、彼女は「グッドゥ・アフターヌーン、ミセス・アンド・ミス・アオキ」と私たちを呼び止め、預かっているメッセージがあると言う。

この予期せずして遭遇した零《こぼ》れんばかりの笑みに戸惑う私たちに、彼女はその笑みを落とすことなく、案件を書いたメッセージを渡してくれた。そこで、ハタと私たちそれぞれが胸のうちに思い当たったのは、朝出がけに掃除中のジャニターから聞いた話であった。それによれば今いるリセプショニストが、この度マネージャーに昇格したと言う。

彼女の笑みに応えながらも、母と私は自ずと込み上げる笑いを抑え切れぬ思いでリセプショニスト・ルームを後にし、エレベーターホールに向かった。ホールに着いた途端、誰もいないそのホールで、母と私は異口同音、堰を切ったようにして合唱したのであった。

「なったア、なったア、ジャになった」

「何《な〜ん》のジャ〜にな〜られた〜？」

「マ〜ネ〜ジャーにな〜られた！」

ご存じ、落語では、長者になった大家への祝い言葉を練習する若者が、なかなか本筋に入れずに、亡者だの、大蛇だの、冠者だのと、ジャのつく言葉を探るくだりである。えてしてその話を思い出した私たち母子《おやこ》は、たとえそれぞれの体験が寄席であれラジオであれ、等しく味わってきた落語の妙味を期せずして分かち合ったのであった。

語呂の良さもあるのだろうか。今でも耳に残る異国の地で響いたあのセリフが、母亡き今もまだ、一人私の胸を揺さぶるのである。

「なったア、なったア、ジャになった」

「何《な〜ん》のジャ〜にな〜られた？」

「マ〜ネ〜ジャーにな〜られた！」

第三章　狂歌・川柳に見る戯《ざ》れ歌の笑い――文字の世界

かつて母が娘時代を過ごした池之端の屋敷には何人かの使用人がいて、それなりに家は賑やかであったという。使用人の中には、当時の呼び名ではねーやと呼ばれていた内働きの人たちがいて、その中には、幼くして奉公に出された者もいた。そうしたねーやの中でも一番歳若の少女が、ある日ふと母に日頃の心情を明かした。

「遠く離れている郷里の親に、元気で働いていることを一言《ひとこと》知らせたいのに、字が書けず手紙が出せない」と言う。それを聞いた母は、親とも相談し、「本気で勉強する気なら、教えてあげてもいい」と申し出た。おそらくは、母が女学校に入っての頃であろう。

母は学童期には近くの忍岡《しのぶおか》小学校に通ったが、女学校には自ら好んで試験を受け、府立第一高女に入学した。当時、本家など親戚の多くの子女がお茶の水の東京女子高等師範学校（通称、女高師）に通っていた中で、母は一人変わり者だと思われていたのかもしれない。

ある日、本郷にある本家の伯父が母に尋ねた。「チャーちゃんは、府立の女学校まで行って、何を勉強したいの？」。本名「久」の幼名がチャーちゃんであった母は、臆せずして答えた。「人間のこと」。

何でそんな答え方をしたのだろう。母は晩年になっても可愛げない自分の答えを悔いていた。もしかすると心のどこかで、第一高女に入学できたことに心弾ませていたのかもしれない。

母が府立第一高女に入学したのは、明治四二（一九〇九）年のことで、以後五年間の修業年限を経て卒業したのは大正三（一九一四）年であった（鷗友会調べ、二〇二四・九・一〇）。現在の白鷗高校の前身でもあるこの府立第一高女が発足したのは明治三四（一九〇一）年。すでに一三年前に設立されていた東京府高等女学校から改称しての発足であった。したがって母の同校での在籍期間は府立第一高女の黎明期となり、同窓会でも第一七回生とかなり早いものとなる。

翻ってみると、日本で初めて近代的な学校制度を定めた学制（学校制度に関する基本法令）が発布されたのは明治五（一八七二）年。それにより、身分・性別に関わりなく国民皆学を目指すことになった。さらにフランスの学制にならって学区制を採用することも定められ、その結果、学区ごとに大学校・中学校・小学校が設置されることになったという（文部科学省『学制百五十年史』二〇二二）。

また文部省（当時）は同年、新時代に相応《ふさわ》しい女子教育の中心機関として日本初の官立女学校を設置し、年末にはそれを「東京女学校」と改称した。華族、平民を問わず、小学校以上の学力を持つ一四歳以上一七歳以下の女子を入学資格としたが、男子学生の修業年数が五年であったのに対して、東京女学校での修業年数は当初三年に留まるものであった（『日本近代教育史事典』、平凡社、一九七一）。

だが明治政府は、それから間もなくして、初等教育、とりわけ女子の初等教育に力を注ぐべくして女性教員の養成は必須であるとの強硬論を受け、明治七（一八七四）年、女性教員養成を目指して文部省直轄の東京女子師範学校の設置を法令で定め、翌年にはそれを開校させている。一方で、国は西南戦争により疲弊した経済の窮状を救うため、同じく国費で賄う東京女学校の方は廃校とし、在学中の生徒で希望する者は東京女子師範学校の英学科に編入させることとした。これが後のお茶の水女子大学附属高等学校の源流となるものである。このようにして明治期の女子教育には、恰も混沌とする時代を反映するかのように様々な変遷がみられ、その中で女子教育の高度化が進められていった（東京都立教育研究所編『東京都教育史　通史編、一九九四）。

一方、こうした国家の政策に対し、自治体としての東京府もまた府独自の女子教育を目指し、府下に地域別に番号を付した幾つかの女学校を設置した。ナンバースクールとも言われる所以である。中でも東京府立第一高女は、女子教育に情熱を注いだ初代専任校長の伊藤貞勝、その後継者となる市川源三の多大な尽力もあって、名門の高等女学校としてその名を全国に馳せるようになった（唐澤富太郎編著『図説教育人物事典』、ぎょうせい、一九八四）。

実際、同校が編纂・発刊した『東京府立第一高等女学校一覧』を見ても、初期の在籍生徒の出身地は東京府に留まらず、広く北海道、京都、長崎、新潟、山梨、長野と全国に及び、同校の知名度はそれなりに早くから全国に広まっていたのかもしれない（東京府立第一高等女学校編『東京府立第一高等女学校一覧』、一九一五、国会図書館デジタル資料）。

さらに同じ資料には、同校の教育理念ともいえる創立当初からの教育方針も掲げられている。要約すれば、「時運の推移に鑑み、社会の進歩に順応すること」、「我が国古来の善風・美俗は之を助長すること」などが強調されているが、加えて、「生徒の自学を促しその活動を勧め、以て勤労創作に従わせしめること」ともあり、さらには「社会生活に親しみ、国民生活に慣れ、以て人類の本分を全うせしめること」と、いわば社会の中に生きる人としてあるべき道の教育を目指している。その方針は実際の教育指導でも明確にされ、例えば国語では特に「書取、作文」に重きをおき、自らの意思を強く持ち、自ら統治する人となるべくして、「独立自重の風を養うべし」と記されている（同右）。

この校風に準じてか、同校の初代・二代校長のいずれもが、女子教育に求め、かつ実践しようとしたものは、一つには伊藤が唱える新たなものを切り拓くという開拓精神であり、今一つは、伊藤校長の下で教頭を務め後に第二代校長となる市川が説いた人格の尊厳という基本精神であった。いずれも進歩的な女性教育を目指しての教育方針であったが、ことに市川が説いたのは、「女性である前に、一人前の人間であれ」、そして「社会の中で自分の能力を最大限発揮して活躍する女性になれ」ということであったという（「多磨墓地有名人リスト」hanami-zuki.com.「鷗友学園女子中学高等学校ホームページ」）。

こうした市川の思想は、言わずもがな男女平等の基本理念でもあったが、当時の社会通念からすれば、正に教育において未開の分野を開拓したということになるであろう。と同時に、おそらくは当時日本の教育界で活躍し、キリスト教的人道愛を説いた新渡戸稲造、新島襄、成瀬仁蔵といった人々の感化をも受けていたのであろうか。市川の思想は、一個人の女性としてだけではなく、人として社会に交わることの道義を踏まえたものでもあった。

顧みて母の在学年次から換算すると、母は正しくこの初代・二代に亘る校長（教頭時代をも含め）の感化をもろに受けた世代ということになる。かつて母が、本家の伯父から「府立の女学校まで行って、何を勉強するの」と問われ、「人間のこと」と答えたのは、あるいは市川源三が唱えたように、「まずは一人前の人間であれ」といった教えが心のどこかに去来してのことであったのかもしれない。今、母の女学校時代を辿ることで、改めて母が言った「人間であること」の本意を測り、この時代にあって教育の戦陣を切った市川源三の教育観に深く感じ入る次第である。

こうした確固たる精神のもと、学業においてもまた、エリート教育を目指した府立第一高女ではあったが、母の記憶では国語・数学・理科などの基本教科とともに、立ち居振る舞いにも及ぶ礼儀作法の授業もあり、昭憲皇太后に仕えたという格式高い女官長がその指導に当たっていたという。当時の女学校であればごく自然のこととはいえ、エリート教育とともに身だしなみや礼節を貴ぶ淑女・良妻賢母の育成にも当たったのであろう。

一方、母の話によると体操の授業もあり、運動神経の鈍かった母は苦手な平均台の上を渡り切れず、先生が「まるで猫の子の首を摑むかのように」母の首を支えて渡してくれたという。すでに当時の女学校では知育・徳育・体育といった三育のバランスを重んじた授業が行われていたのであった。そのほか音楽教育にも力を入れ、同校出身者でもある著名なソプラノ歌手立松房子の授業も受けたのであろうか、母からもよく聞く名前であった。

そうした学校生活を送る中、いよいよ母は最年少のねーやに文字を教えることになり、母とねーやの学習塾が始まった。ねーやは仕事を終えるなり、毎夜欠かさずに母の部屋に来ては熱心に文字を学習する。一夜にどれくらいの時間をかけたかは分からないが、朝早くからの一日仕事を終えての夜であるならば、おそらくは眠たい眼《まなこ》をこすりながら、ねーやは熱心に学んでいたに違いない。

するとある夜、母の部屋の前の廊下を通る年配ねーやたちが、クックッと笑いながらも、暗にこれ聞こえよがしに何か言っている。

「世の中に寝るほど楽は　なかりけり　浮世の馬鹿は　起きて働く」

明らかにそれは、歳若のねーやに対しての揶揄《からか》いであったが、もしかすると軽い妬みであったのかもしれない。取りようによっては、まことに辛らつな風刺でさえあった。だが、その場の雰囲気からして、必ずしも陰湿ないじめではなく、むしろ揶揄《やゆ》を「戯れ歌」に託したところに、そこはかとないユーモアが感じられる。言ってみればそれは、あっけらかんとした朗らかな揶揄《からか》いであった。しかもその揶揄《やゆ》は、夜遅くまで勉強するねーやに対してもさることながら、お節介にも、教えることを引き受けた母への皮肉であったかもしれない。だがいやしくも奉公する家の主人にも通ずるような戯れ歌を朗々と歌い興ずる娘たちのいたずら心が、なんともいえず微笑ましい。母も「意地悪なのよ」と言ってはいたが、戯れ歌は満更でもないようで、その面白さを嬉しそうに笑っていた。

それから幾日も経ってのこと、ねーやはやっと念願を果たし、簡単な手紙を実家に送ったと母に報告した。おそらくはその手紙を受け取ったねーやの親もまた、わが娘《こ》の手紙を読むことができず、誰か他人《ひと》に頼んで読んで貰っていたかもしれない。その辺の事情は分からないが、少なくともねーやが自分の母親に手紙を送ったと報告した時のあの喜びや誇らしさ一杯の笑顔が、いつまで経っても母には忘れられないと言う。

当時、文字が書けない、ということは必ずしも貧困だけによるものではなく、古くからあった女子教育に対する偏見が生んだ因習による弊害でもあった。「女の子が勉強して、何になる?」といった風潮は、無論日本にだけあった風習ではなく、しかも過去にだけあった問題ではない。今なお、それは日本を含めた国際社会の底辺で燻り続け、時にはそれを一国の政策として掲げる国家すらあって、根深い偏見に満ちた因習だからであった。

だが少なくとも日本では、明治五年の学制で、国の方針としては初めて男女を問わず基礎教育の実施が図られるようになった。思えば維新の事業の中でも際立って画期的な事であったろう。何故ならばそれは、文字を書くということが何よりも人々に自信に満ちた笑顔をもたらすからである。しかも、ねーやの場合、たとえ周りからは浮世の愚か者と言われようとも、「起きて働いた」からこそ得られた笑顔でもあった。

この「世の中に寝るほど楽は　なかりけり　浮世の馬鹿は　起きて働く」といった歌そのものは、元を糺《ただ》せば、江戸時代の蜀山人が詠んだ「狂歌」の一つであった。無論江戸時代には、こうした狂歌のように詩歌の形式を整えずとも、お代官や幕府など時の為政者やその施策に対し、愚弄するかのように当てこすった文章を、立て看板などに匿名で貼り付けるようなものもあった。思えばこうした風刺に託す思い自体は、あのフランスはノルマンディーで詠われたヴォードヴィルのように、古今東西を問わずして共通する一つの庶民文化であったのかもしれない。

だが、その中で江戸時代に日本で詠われてきた江戸狂歌は、字数にしてもそれなりの決まり事があり、単に個人の意見を風刺にして世に問うだけでなく、詩歌の一つのジャンルとしても捉えられていく。そもそも狂歌とは「和歌の中に滑稽や諧謔の精神を盛り込もうとする戯《ざ》れ歌」であって、それは「江戸の明和年間（一七六四〜七二年）に始まり、天明年間（一七八一〜八九年）に完成した」という（『文化デジタルライブラリー』）。

無論「狂歌」には、江戸時代以前にも古代・中世から受け継ぐ経緯があり、そこには長い変遷の歴史があった。中には、江戸になってからとはいえ、「優美高尚な狂歌」を「俳諧歌と称した者」もあったという（『平凡社大百科事典』、IV）。だが、そうした長い経過を辿ってもなお、狂歌が「和歌の形式に卑俗滑稽な内容を盛ったもの」であるという了解の仕方に変わりはなく、和歌にあって面白みが加味されてこそ、狂歌の本領が発揮されたのであった。

その狂歌が絶頂期にあったのが江戸時代であり、その時代に中心的役割を果たしたのが、「四方赤良《よものあから》こと大田南畝《なんぽ》」であった。そしてその大田南畝こそが、「世の中に　寝るほど楽はなかりけり」と詠んだ蜀山人に他ならない。

思えば本歌は、江戸の古き時代から、時を越えて今もなお通じる世情や心情を盛り込みながら、人の心をくすぐる可笑しさを伝えている。大げさに言えば、時代・身分・性別・年齢を問わずして、人々の心に通ずるところに本歌の普遍性がある。だからこそ、狂歌はヴォードヴィルなど劇場型の目や耳に訴えるトークショーに対し、言葉を文字にして可笑しさを表現するという文学の中での世界を作り上げていった。

この狂歌について、私としては今一つ、どうしても外せない一作があることを付け加えたい。というのも、その一首が笑いを呼ぶユーモアの真髄を突いているとも思えるからである。それは石碑（在　神奈川県久里浜公園）にも刻まれる詠み人知らずの一首で、

「泰平の眠りを覚ます上喜撰　たった四盃で　夜も寝られず」

と、史実にも残る横須賀沖に来航したペリーの黒船艦隊に驚く人々の様相を伝えている（『東京都立図書館』、ペリー上陸記念碑『横須賀市ペリー公園だより』、『goo/BLOG』）。

ところが、その脅威となるペリーの「蒸気船」は、こともあろうに宇治の最高級茶「喜撰」のさらなる上級茶としての「上喜撰」と掛け、しかも濃厚な茶と思わせるような茶を四盃（杯）も飲んだということが、舟の数え方としての「杯」とも重なって、夜も眠れないのだとしているのである。そこには軽妙な言葉と深刻な社会事象が謎解きとなって、まことに巧妙な

笑いが仕掛けられ、その時代ならではの脅威と可笑しみをより増幅させている。

こうした文字で表す可笑しさの妙味は、単に狂歌に留まらず川柳の世界にもまた共通する。川柳と狂歌での大きな違いは言うまでもなく、狂歌が五、七、五、七、七の和歌を母体としたのに対し、川柳は五、七、五の音数律を持つ俳句の流れを汲む。だがより大きな違いは、狂歌が諧謔性を取り入れつつも和歌の形式を踏襲したのに対し、川柳の方は俳句と共に、和歌から転じた連歌を基にしたものであった。

そもそも日本で和歌と言われるものは、もとはといえば漢詩に対しての日本固有の歌のことで、その中には、長歌、短歌、反歌など幾つかの歌の形態があった。だがやがて、片や長歌や反歌などの形式がすたれていく中で、本来ならば長歌に付けるべくして詠まれた五、七、五、七、七の短歌だけが後世に残り、それが「和歌」として継承されるようになった。さらに室町時代になると、この和歌としての短歌は前句となる長句と、後句となる短句に分けられ、その前句の五、七、五と後句の七、七をそれぞれ交互に受けては、次から次へと詠みつがれていくという連歌詠みが、貴族の間でもてはやされるようになった（連歌の成立自体は古代にまで遡るとされるが、やがて鎌倉時代を経て室町に至り、隆盛を極めていったという）。

連歌にはさまざまなルールや用語使いがあるが、まずは和歌の上《かみ》の句に当たる前句（五、七、五の長句）の部分を発句とし、座に居合わせた人々がそれに連動させて七、七の下《しも》の句（後句＝

短句）を詠んで一首を完成させる。さらにその後句に関連付けるようにして新たな前句を付けることで、順次進んでいく。発句以外の前句・後句がすべて付句《つけく》と言われる所以である。（連歌については『平凡大百科事典』XV, 高城修三の連歌会『連歌入門』など参照）。

一方、この「連歌」でいう五、七、五の発句部分だけを独立させたものが「連歌之俳諧」（通称「発句」）、つまり後に言われる「俳句」であり、方や「川柳」の方は、連歌でいう「付句」の規則を逆にして後句を発句とし、その付け句である前句が独立して「川柳」になったという。たとえば後句である「切りたくもあり　切りたくもなし」を発句とし、「盗人を　捕えて見ればわが子なり」と前句を付けて行くのが実例として挙げられよう。いささか判じもののようでもあるが、両者ともが、いかにも連歌の流れを汲むが所以である。だが総じてみれば、狂歌はもとより、連歌から発した俳句も川柳も所詮は皆、和歌から枝分かれした分家の縁にあると位置づけられよう。

この入り組んだ系譜の中で、生い立ちも同じくして、しかも共に五、七、五の音数律を持つ「連歌之俳諧」つまり一般に言う「俳句」と、片や「川柳」との違いは、「俳句」が元来は諧謔性を加味しながらも、どちらかと言えば季語をもって自然の事象を詠ったのに対し、「川柳」はむしろ諧謔性をより一層強調させて物事を揶揄し、さらには決まりに縛られずに自由に発展していったことであろうか。その意味では、川柳の精神は、むしろ和歌から発した狂歌と相通ずるものがあった。
例えば江戸時代に詠まれた俳句あるいは「連歌之俳諧」では、

古池や　蛙《かわず》飛び込む　水の音（芭蕉）
荒海や　佐渡によこたふ　天河《あまのがわ》（芭蕉）
春の海　終日《ひねもす》のたり　のたりかな（蕪村）

など教科書にも載るような句が知られている。
一方で、同じく江戸の「連歌之俳諧」にありながら、一茶は

春風や　牛にひかれて　善光寺
やれ打つな　蝿が手をする　足をする
雀の子　そこのけそこのけ　お馬が通る

といった軽妙で何となくユーモラスな気配を漂わせる句を、如何にも量産家らしく多数残している。一茶としては、芭蕉と同じく自然の条理をサラリと詠んでいながら、対象となる動物や昆虫の他愛もない動きや仕草を詠み込んでは、言うに言えぬ可笑しみを誘っている。

だが、ここで私としては一茶の句として、今一つ別に付け加えたいものがある。それは

名月を　取ってくれろと　泣く子かな

の名句である。この句には、名月という絶好の自然美と、それを手にとってみたいとせがむ無

邪気で、誠に不条理な子ども心《ごころ》が重ねられている。もしかするとこの一句では、実際には子どもが月をねだったというのは実景ではなく、たまたま子どもが泣きながら手を上に差し挙げているのを見て、詠み手が月をねだる子に仮想したのかもしれない。だとするとそれは、広大な宇宙と人類が住む地球とを繋ぐ仮想の空間を創り出し、やがて後世に出現するような壮大なスピルバーグの映像「E.T.」や、あるいは時に宇宙を旅するネコ型ロボット・ドラえもんすらをも連想させて面白い。無論、それだからといって、「名月を」を含む「連歌之俳諧」の句には、総じて事象を斜めに構えて揶揄するような意図的な趣向はみられない。むしろ真っ直ぐに事象と向き合い、透視するかのようである。

一方、川柳として柄井川柳が選んだ句例として、

これ小判　たった一晩　居てくれろ

かみなりを　まねて腹がけ　やっとさせ

道問へば　一度にうごく　田植笠

などが決まって拾われる。それら五、七、五の句を発句として、人々は「あかぬことかな　あかぬことかな」とか「こわいことかな　こわいことかな」といった囃子詞《ことば》のような後句をつけては楽しんだという。つまり江戸時代、川柳は発句の五、七、五を独立した一句として詠むが、それはあくまでも発句であり、その後に掛け合いのような詞を七、七の文字に纏めて詠み上げる。

それは、発句に合の手のような囃子詞《ことば》を付けることで、連歌や連句と同じく川柳もまた参加者による共同作業として楽しまれていた。

なるほど、これらそれぞれの代表作品を、あえて「連歌之俳諧」（「俳句」）と比べてみれば、前者の「俳句」の句の方が情緒豊かに自然界での何気ない動きを捉えて詠んでいるのに対し、後者の川柳では日常生活の中で、さもありなんと思える事象につき諧謔性を持たせて詠んでいる。あえて無風流な自己解釈を付け加えるとすれば、ユーモラスな感覚で詠まれる「俳句」にはホッコリさせられるものがあり、諧謔性や揶揄を加味した川柳には、思わずニンマリとさせられるものがある。簡略すぎるかもしれないが、案外、それが両者の違いであるのかもしれない。

なお「連歌之俳諧」は明治になって正岡子規により発句の形式から切り離され、一定のルールが課せられて俳句として確立された。五、七、五の音数律を保ちながらも、「連歌之俳諧」とは異なる新俳句と呼ばれるようになった。したがって江戸時代に活躍した芭蕉・蕪村・一茶の句は遡って俳句とはされているが、近代詩歌の中のジャンルとしての俳句は明治に生まれ、江戸時代のものではないと厳密には区分されているという（『平凡社大百科事典』XI）。

さて川柳について今一度話を戻せば、和歌に諧謔性を持たせて狂歌を確立させたのは大田南畝であった。それに対し、川柳の先駆者は、「連歌之俳諧」の「前句付け点者」（宗匠）として知られる柄井川柳であった。一七六五年、その柄井が選んだ句をもとにして俳人呉陵軒可有《ごりょうけん・かゆう》が編纂・刊行した句集の中には、「うがち・おかしみ・かるみ」の三要素を加味した「人情の機微や心の動き」を描くものが多くあったという。（柄井川柳および川柳、ならびに俳句については『平凡社大百科事典』VIII, XIの各項目、川柳人協会『川柳の歴史』、「俳諧とは」『日本史事典.com』、などを参照）。

その後「川柳」は、柄井の子孫など後継者たちにより新たな刺激を受けながら盛大な句会として発展し、江戸時代の一大文化を支えていった。実際、堅苦しい規則に囚われずに平易に、しかも諧謔性を持たせて思うところを自在に詠み込んだ江戸の川柳は、やがて維新を経、さらには昭和の戦前・戦後期を通じても、時代を越えて愛好されて行く。

現に昨今では、ニュースにもなるサラリーマン川柳が毎年公募・公表されるようになった。その一句一句がいかに多くの人々の笑いを誘ってきたことであろう。ちなみに二〇二二年に、恒例の『第一生命サラリーマン川柳コンクール』（第三五回）で選ばれた優秀作品一〇〇句のうち、全国ベストテンの一位から三位までを占めたトップスリーとは、

8時だよ！　昔は集合　今閉店
ウイルスも　上司の指示も　変異する
にこやかに　マスクの下で　『うっせぇわ！』

であったという（『第一生命News Release』，2022/1/27）。

さらに翌二〇二三年度の第三六回コンクールでは、

また値上げ、節約生活　もう音上げ

熱が出て　はじめて個室　もらう父

がベスト一〇入りをし、いずれもコロナ禍や物価高の世相を詠ったものに人々の共感が集まったのだろう。それらの入選句が、かつて大田南畝が詠んだ「世の中に　寝るほど楽は　なかりけり」の狂歌のように、時代を越えても共感を呼ぶか否かは、後世になってみないと分からない。だが、できれば二二年度ならびに二三年度の優勝句となったサラリーマン川柳が、コロナ禍や度重なる物価高が引き続き蔓延することで、時代を越えて共感を呼ぶような句にならないことを願うばかりである。とはいえ、機微に世情を詠み込んだ川柳や狂歌がその時代々々に生きる人々の心を多少なりとも豊かにするのであれば、それぞれが笑いをもって世に果たした功績は大きい。

ちなみに二〇二二年度サラリーマン川柳の全国応募句数は六万二千六五七句であったと、発表当時の各メディアは報じた。ネット情報もまたその記録を留めている。優秀作品の順位は川柳ファンによる投票で決められるが、うち第一位を獲得した作品の得票数は、二千五七四票であったという（『サラ川ニュース35』、第一生命News Release）。たしかに川柳は今、大したブームとなり、サラリーマンのみならず、中学生などの若年層の間でも人気があると聞く。

そういえば些末なことながら、私たち世代がかつて中学一年生であった頃、教室にはちょっとした川柳ブームがあったことを、ふと思い出した。勿論、本格的な川柳ではなく、ただ五、七、五に状況をまとめた「川柳もどき」の遊びであった。ある日のこと、クスクスと忍び笑いをする教室内のざわめきに気づき、教師が室内を巡回するように後ろの席に近づいてみると、生徒の間では一枚のメモが回っていた。

笑い声　後ろの席が　気に掛かり

ズバリ心中を測られたのであろう。教師は、思わず「やられた！」というのがその時の実感であったと、後日私たちが卒業してから明かしてくれた。

川柳でさらに思い出される私事《わたくしごと》は、かつて家族で日本を離れてアメリカ・ワシントンＤＣに住んでいた頃の話である。父の仕事の関係で近所に住む同胞の人々と家族同士で集う機会があった。そこである晩、一つのゲームをすることになった。ジャンケンでチーム分けをし、それぞれの陣営毎に、一つの「お題」のもと、五、七、五にまとめた一句を詠み、それが誰の作であるかをチーム対抗で当てっこするのであった。偶々母と私は同じチームであったが、父は対抗グループにあり、その時出された題は「硫黄島《いおうじま》」であった。

ご存じワシントンＤＣの隣州となるヴァージニアのアーリントンには、かつて太平洋戦争で激戦地となった硫黄島をモチーフとした銅像があった。それは大きな岩山の上に、占領を果たした六人のアメリカ兵士たちが、強風に争《あらが》いながら星条旗を誇らしげに掲げているモチーフであり、正直、日本人にとっては歴史的事実でこそあれ、必ずしも居心地の良いものではなかった。それでいて、兵士の苦闘に満ちながらも勝利を手にした表情はまことにリアルであり、印象深くはあった。

そこで私たちの側から詠まれたのは、

硫黄島《いおうじま》　遠いようでも　隣りむら

というものであった。それは偶々母が詠んだ一句でもあった。

対抗チーム側にいた父は、その詠み手が誰であるのかはツユ知らず、思わず「上手いねェ」とゲームであることも忘れ、絶賛した。しかも一度ならず、繰り返し賞賛する。まさに唸り声を上げんばかりの実感であったのであろう。

詠み人がわかってからの父のバツの悪さは、無論、皆の哄笑を浴びながら惨憺たるものであった。だが娘の贔屓目《ひいき》からすれば、おそらくは、かつて詩の同人としても活躍したことのある若き時代の父の経歴が、ふと目覚めての感性であったかもしれない。

「硫黄島」の題のもと即興的に詠まれたその一句は、無論季語もなくして俳句でもなく、諧謔性を特性とした川柳でもない。ただそれは五、七、五にまとめた一句に過ぎなかった。だがそこに漂う独特の思いが、「硫黄島」の中には潜んでいる。

日本から見ての硫黄島は、あくまでも東京都小笠原諸島の一群として、私たち日本人にはごく身近に存在する。そのためアメリカにあれば当然のこと、それは遠く離れた異国の地となるはずであった。だが皮肉なことに、ワシントンにあってはモニュメントとしてのレプリカのお陰で、硫黄島は隣村となる。その地理的ギャップの中で、祖国を離れた者なればこそいとおしい祖国へのノスタルジアがあり、それでいて、かつて占領された相手方敵地に今、自分があるのだという思いが、複雑に絡まり合う。母が詠んだ五、七、五の一句には、その複雑な心情が綾なしていたのであろう。その綾なす心の思いが、かつて詩を詠む人の心を揺さぶったに違いなかった。

第四章　「笑い」は文字から画像、そして漫画へ

――父への思いを辿りながら

父が詩歌の道に傾倒していた時代は、詩人・川路柳虹が主催する『炬火』や『獅子』などの同人に名を連ねていた頃であった。当時、つまり大正末期から昭和の初めにかけて、共に活動していた父の先輩や友人には、のちに詩人として名を成した村野四郎氏や都築益世・今岡弘・倉橋彌一・一瀬直之などの諸氏もあった。父はすでに外務省に身を置きながらの同人活動であったが、やがて満州営口に赴任していた頃、詩集『車』を編み、帰国後の昭和五年に刊行した（青木出郎『車』、獅子発行所、一九三〇）。後日、父は私の高校卒業を祝って、その詩集を贈ってくれている。

詩集を見る限り、今改めて読めば、詩人としての父はさすがに優れた感性を持ち、選ばれた言葉での表現も鋭く内容も豊かであるのに、当時、韻文の世界への理解が足りなかった私には

いささか難解で、時には明るく可笑しなことも言う日常の父とは余り重ならないイメージであった。

それでも内輪話とはいえ、時に父が独創的な発想や独りよがりな意見を吐き、それがために家族の意見とはすれ違う時、私たちは偏見もいいところで勝手に分析しては、「やっぱり詩人だから違うのね」と言っては、「詩人」としての父を納得しようとしていたところがあった。

父の長兄、つまり私の伯父から見ると、「イーちゃん（幼名）はつまらん。まじめすぎて」というのが父への評価であった。たしかに駄洒落を飛ばし、豪快に笑う伯父とは性格を異にしていたのかもしれない。それでも、私たち家族から見ての父は、結構愉快な発想や表現で、私たちの気分をほぐすことが多かった。それはわざわざ笑いを誘うようなギャグではなかったが、話の伝え方の術に妙味があった。

いささか唐突とはなるが、私ども家族が父の赴任先で海外生活をしていた頃、一家で、あるいは知人を交えてドライブに行くことが多かった。その途中、「そろそろ車を止めて降りてみようや」と言い出すのは決まって父であった。遠出をしたからにはその土地を自分の足で踏んで確かめたいという意見は尤もだが、ドライバーを引き受けていた者からすると、目的地までの時間を考え、今少し快適なドライブを続けたかった。だが父は言う。「大事なのは民情視察！」。

さすが言葉選びの上手い父ならではのことだが、言ってみれば「民情視察」とは、「そろそろこの辺で車を降りて何か食べてみたい」というだけのことであった。今時の人なら、「そうならそうだと、最初からそう言えよ！」と言うかもしれない。だが私たちにとって「民情視察」とは大げさながら、いかにも納得させられる表現で、結局私たちは「民情視察説」に付き合わされるのが常であった。そうした大げさな言葉遣いは果たして詩人としての言葉選びなのか、あるいは日頃公文書と向き合う職業柄の習慣なのかは、分からない。それでいて、「民情視察」に隠された「可笑《おか》しみ」に、ふと父の感性が窺われるのであった。（父は、詩集のほか、本業では旅券事情や査証制度に関する文書を著わし、また信託統治に関わっていた時代には、『パプア、ニューギニアの現状と将来』（外交時報社、一九六九）を刊行している）。

父が残したユーモアらしき言葉といったものは、実は実例としては余り思い出せない。だが、父が自ら綴ったエッセイの中に、毎夜遅くアパートの一室に帰宅する女が、履いていたハイヒールを脱いでは片足ずつ天井に蹴り上げるのを常習とした、という逸話を紹介するものがあった。当然の事、階上に住む住人から文句を付けられ、女はその苦情を大家から持ち込まれた。その夜、いつも通りに脱いだ靴を片足から蹴り上げたが、ふと大家から告げられた苦情を思い出し、残りの靴は脱いだもののそっと床に置いてベッドに横たわった。するとしばらくして電話が鳴り、階上の住人からまたもや苦言が呈された。いわく「いったい何時《いつ》になったらもう片方を投げるんだ。早く投げてくれなきゃ気になって眠れないじゃないか」と、怒鳴ったという。

何となくバーナード・ショー風のギャグだが、父はそれを引用文として紹介した。生憎父が冊子に寄稿したその一文はもはや手元にはない。だが、欧米人のギャグとして引用した父の感覚に、ユーモアを楽しむセンスが宿っていたように覚えている。

そうした何気ない言葉に潜む可笑《おか》しみや、あるいは父が持つ詩人としての感性を最も深く理解していたのは、あるいは母であったのかもしれない。それは、母が晩年になってふと漏らした言葉から推量されるのである。

ある時、父の詩集『車』の中で母が一番好きな詩はどれかと訊くと、即座に「雛罌粟《ひなげし》」だと答えが返ってきた。それは中国という異郷の地にあった父が、その地に住むあどけない少女のことを鋭い感性で詩《うた》っている。元々母は、泉鏡花や有島武郎などに傾倒した文学少女ではあったが、数ある詩編の中から選んだその一編に、父の詩集を精読していた母の思いが滲み出ているようであった。また他人《ひと》を評することが余りなかった母が、晩年になって思わず本音を漏らしてか、「Aちゃんもいいけど、面白味がない。よっぽどパパの方が面白かった」と言ったことがある。

その母によれば、私にとっては父母となる若き頃の夫婦は、家族四人して騎馬戦ごっこを家の中でやったという。もとはといえば六歳児の息子、つまりは私の兄を遊ばせるのに一興を講じてのことだったが、父が兄を背負い、母が手伝いのねーやを背に載せて相手方の帽子を奪い取る、あの騎馬戦ごっこのことである。無論、家族で騎馬戦ごっこをしようと言い出したのは父であったろう。どちらかといえば体の弱かった母がどうしてこのゲームに興じられたのかはよくわからない。だが案外、負けず嫌いの母が互角の勝負を挑んだのかもしれない。所詮は私が生まれる前、伝説にも近い話ではある。

とはいえ母もそのゲームは結構楽しんだようで、母によれば騎馬戦が始まる前には「激しい戦《いくさ》」に備え、予《あらかじ》め襖が破れないようにと裏返しにし、やがて戦い終われば、案の定破れた襖は裏側に戻して、恰も「夏草や兵《つわもの》どもが夢のあと」と言わんばかりだったと言う。後日、若き頃の両親を知る父の友人が、「背格好からしても、正にお似合いの夫婦でね」と言ったことがある。

父は外国生活が長かったこともあってか、国外にあっても国内にあっても、建物の出入り口では、いつもごく自然にドアを開け閉めしては母や私を優先させた。言っておくが、必ずしもフェミニズムを意識してのことではない。それが父のダンディズムであっただけのことである。その証拠にある日のこと、外地では日本語が通じないのをよいことに、父はドアを開けながら何やら呟いている。よく聞けば、「さっさと通りやがれ」と言っているのである。母と私が哄笑しても、父は何食わぬ顔でドアを押さえていた。案外、それが父の本心であったのかもしれない。

ダンディズムとは裏腹に思い出される今一つの事は、我が家の飼い猫を相手に父が歌っていた「子守歌」の事である。終戦後、ネズミ退治にと知人から貰い受けたその猫は、細身で真っ白な姿態にブルーの目を輝かせ、整った鼻筋のその先には濡れたピンクの鼻先が瑞々しく、猫にしては稀にみる「美貌な」容姿をもっていた。「シロ」と名付けられたその猫は九年間も私たちと共にいたが、父はよくその猫を自分の膝に乗せてはその背を叩き、「シ～ロちゃんたらギッチョンのパイのパイのパイ」と歌っていた。それに合わせて「シロ」は尻尾を左右に振り、拍子をとっているといって、父は上機嫌であった。

その「ギッチョンチョン」の元唄はと言えば、言わずと知れた大正時代のナンセンスソングで、通称「東京節」ともいわれていた。本来の歌詞は「ラメちゃんたらギッチョンチョンのパイのパイのパイ、パリコとパナナでフライ、フライ、フライ」であった。ちなみにラメちゃんとは「でたらめ」のことで、「ギッチョンチョン」は座敷唄の囃子詞《ことば》。「パリコ」とは第一次世界大戦後の講和会議が開かれた花の都パリの話。一方、バナナをもじったパナナもフライも舶来ものの珍味だとして歌われていたと、ネット情報は説明する（「worldfolksong.com」）。

おそらく私にとっては、もし父が唄わなければおよそ耳にすることはなかった歌であったろう。だが、父と共に明治・大正を生きてきた母はそれを聞いて即座に、「でたらめよ！」と言った。私は母の言う「でたらめ」とは、父が「ラメちゃん」を替え歌もどきに歌った「シロ」への置き換えが「でたらめ」だったのかと思っていたが、もしかすると母は、「でたらめ」のラメちゃんのことを捩《もじ》って言っていたのかもしれない。やはり時代々の歌に秘められた面白みというのは、その時代を生きた者にしか分からないところがあるのかもしれない。ちなみに私にとってその唄は、父がメロディーを付けて歌った唯一の歌であったように記憶する。しかも父は調子一つ崩すことなく「シ～ロちゃん」を歌っていた。レコードの収集家でもあった父が、なぜ自分の詩歌にも詠った「ユーモレスク」さえをも、鼻唄もどきを除けば口ずさむことがなかったのだろう。解せぬ気持ちを抱かせる思い出でもあった。

父はまた絵画をも愛し、愛する余りにミレーの「落穂拾い」に因んで私を「美怜《みれい》」と命名することを提唱した。だが、どちらかと言えば「理性的に」構える母は、「それでは子どもが名前負けする」と断固異議を唱え、美怜の美を落とし（残念！）、「怜」だけが残ったという。ちなみに満州生まれの兄には、近くを悠然と流れる大河に準《なぞら》えて悠と命名した。ここでは父の詩人としての感性が優先されたのであろう。

その父は五〇歳を超える頃には、不運にして難聴に襲われ、打てば響くような会話を交わすことはできなくなっていった。自ずと静の生活に甘んじ、さらには聞こえないもどかしさからか、次第に気難しくもなっていった。今思えばそれは、私自身が年老いて初めて知る難聴の煩わしさであって、自ずと人離れしてしまう心の寂しさを、父は同じように味わっていたのかもしれない。そしてあるいはそこに、父が心地よげに歌を口ずさむことがなかった理由があったのだろうか。今、自身が難聴を体験してみて、かつては解せなかった謎が初めて解けた気もするのである。そうした環境の中で、晩年の父は詩集『季節の詩《うた》』（風祭社、一九七三）や随筆集『自然との対話』（草原社、一九七九）を編んでいる。

八八年の生涯を通じ、父は、競馬・競輪・競艇などにうつつを抜かすほど大胆で野放図な性格ではなく、また遊興に身を焦がすほど有り余る経済的余裕もなかった。かつて同人時代には、それなりの酒席の付き合いもあったと母からは聞く。しかし総じて堅実で、少なくとも私が育つ頃には、仕事を終えれば即座に帰宅するという、ある意味では家庭人でもあり、真面目人間でもあった。

しかし、だからと言って、煮ても焼いても食えぬといった堅物《かたぶつ》ではなく、趣味も詩作のほか、ゴルフ、麻雀、ポーカー、散歩、ドライブ、釣りといった具合に、それなりに多岐に亘り、生活を楽しんでいた方かもしれない。退職後には、私の休日を狙っては週一回、昼食の蕎麦や稲荷ずしを「賭け」では、一家で家庭麻雀を楽しんだ。家庭麻雀といっても、どうということはない。かつての騎馬戦に代わって遊ぶのは、兄ではなく兄嫁が、若きねーやではなく私がと入れ替わっただけのチーム遊びであった。

翻ってみると、私の高校時代には百人一首が流行っていたが、時にクラスメートの何人かが我が家を訪れては、皆でかるた取りに興じたこともよくあった。そうした折、かるた取りの達人であった母や父も私たちに交じって共にゲームを楽しんでいたことを思い出す。他の友人宅では、およそあり得ないことであった。思えばそういった家庭内にあっても娯楽を楽しむといった生活観が、父や母にとっても、自ずと可笑しさを楽しめるような心の余裕を生んでいたのかもしれない。

そんな父が、昔、新聞を見ては何となく一人相好を崩していることがよくあった。その笑いの原因は横山隆一の描く連載漫画「フクちゃん」であった。主人公のフクちゃんは、イガグリ頭に角帽を被り、下駄履き姿に虫取り網などを手にしたわんぱく坊やで、茶目っ気たっぷりな仕草や言葉で私たちの日常を豊かにした。

ネットによれば、「フクちゃん」の処女作は戦前、『東京朝日新聞』の東京版に連載された漫画「江戸っ子健ちゃん」であった。だが本来は脇役であったフクちゃんが予想外の人気に押され、「登場八カ月後には、フクちゃん自らが主人公となって全国紙へと活動の場を広げていった」という。その後も戦中・戦後を通じ「フクちゃん」の新聞連載は続いたが、終戦後の一九五六年からは掲載が『朝日新聞』から『毎日新聞』にと移行し、以後連載が完結するまで一五年間に及ぶ同紙の長期連載物となっていった。

それにしても、私から見れば、当時は大の大人であった筈の父が、何故「フクちゃん」のような四コマ漫画に興じていたのだろうか。それは単にその漫画が、毎日読む新聞に連載されている紙面にあったからという一種の惰性で楽しんでいたのであろうか。あるいは主人公が被る角帽に、中年以上の男性であれば多くがそうであったように、若き頃の我が身を重ねて見ていたのであろうか。いや、むしろ私には、詩作に傾倒していた父が、四コマという決まり事をもつその端正な表現方法の中に、ある種の感性をみていたからではではないかと思えるのである。その感性とは何か、四コマ漫画とは何か、そのことを問いながら、漫画がどのような変遷をもって定着していったのか、また翻って今、日本で広く使われている用語としての「漫画」が何を意味しているのかなど、いわば漫画のジャンルそのものについても整理しておく必要があるのかもしれない。

まず四コマ漫画に話を戻せば、先の「フクちゃん」と共に、戦後の日本で一大ブームを作った作品として並び賞されるのは、なんといっても「サザエさん」であったろう。「サザエさん」と言えば、現在もアニメとしてはＴＶに放映されるロングセラー番組の「サザエさん」を連想される方が多いかもしれない。だが「サザエさん」は、元はと言えば新聞の四コマ漫画で生まれ、初期は福岡の『夕刊フクニチ』に掲載されていた。やがて著者の長谷川町子が東京に転居してからは、漫画の舞台は東京に移ったが、連載は引き続き『フクニチ新聞』で行われていたという。

その後、『夕刊朝日』が「サザエさん」の連載を引き受け、一九五一年からの「サザエさん」は『朝日新聞』の朝刊紙面を飾るようになった。言ってみれば五〇年代以来、「サザエさん」は、片や『毎日新聞』の紙面に載る連載漫画「フクちゃん」の良き対抗馬となっていくのであった。

この新聞の四コマ漫画は、「雑学ネタ帳」など幾つかのネット情報によれば、日本独特のものだという。ちなみに、私が知る限りではあるが、アメリカの大手新聞では、日曜版として漫画三昧の増刷ページが組まれている。日本でも馴染み深い「ピーナッツ」“Peanuts”や「デニス・ザ・メナス」“Dennis the Menace”が、かつて五〇年代の私の滞米中に愛読したワシントン・ポスト紙の日曜版に掲載されていたことを思い出す。だが、それらは、毎週連載されながらも、日本の「フクちゃん」や「サザエさん」のように、日々読み切り型で連載されるものではなかった。

無論、アメリカの新聞紙上には、政治面や経済面を飾る風刺型のスポット的カリカチュアが、日曜版に限らず、毎日と言っていいほど掲載される。だがそれは、あくまでも風刺画であって、連載漫画ではない。そうしてみると、連日紙面に載る四コマ漫画というのはやはり日本独特のものだというのが当たっているのかもしれない。

一方、戦後の連載漫画で思い出されるのは、何といっても、読み切り型漫画として爆発的な人気を博したアメリカの「ブロンディ」（邦訳原題のママ）であった。それは時を同じくして連載されていた「フクちゃん」や「サザエさん」とともに、未だ敗戦の喪失感渦巻く日本の社会に、一筋の光明と笑いを齎したのであった。広々と見える家並み周辺を背景に、電化製品が整う明るいマイホームを舞台とした「ブロンディ」は、まさに異郷の世界が齎す夢のような世界であり、笑いの天国でもあった。

このチック・ヤング作の「ブロンディ」"Blondie"は、日本では一九四九年から五一年にかけ、当初、私の記憶では、たしか坂西志保の訳により『朝日新聞』に連載された。（金志映「ポスト講和期の日米文化と文学空間」『東京大学学術機関リポジトリ』には、戦後、坂西志保が「ブロンディ」の翻訳に関わったと記されている）。「ブロンディ」は、その後一〇巻に上る単行本シリーズにも纏められ、単行本では、訳者が長谷川幸雄に代わったが、その第一集から第七集までが、今も私の本棚の思い出コーナーを飾っている。

『朝日』に載った「ブロンディ」は、新聞紙上では日本の漫画に合わせてか、四コマ漫画となっている。だが単行本『ブロンディ』にみる漫画では、四コマ漫画も数多くあるものの、それは必ずしも常套のものではなかった。時には三コマであったり、六コマであったり、あるいは八コマであったりもする。

登場人物には夫ダグウッドと妻ブロンディを中心に、その子供たちや愛犬が登場するバムステッド一家を主人公とした。そこに時にはダグウッドの上司となる会社の上役やご近所さんをも配して、ごく日常生活を描くものが多かった。「ブロンデイ」の作者チック・ヤング自身も、日本での単行本発刊に際し、「この漫画が食事とか睡眠のような根本的な題目（つまり日常基本的な課題）や、又、育児といった人類共通の事柄を扱っていること」に、アメリカならずとも日本を初めとする諸外国で強い関心や興味を誘っているのだろうと述べている（チック・ヤング『ブロンデイ』、朝日新聞社、一九五五、第五集）。

こうした家庭やご近所にスポットを当てた話題といえば、何となくテレビの人気番組『アイ・ラブ・ルーシー』"I Love Lucy"の周辺社会をも連想させる。だが必ずしも「ルーシー」に限らず、日本の四コマ漫画「サザエさん」や「フクちゃん」にも共通する。ことに家庭を中心としての話題を家族ぐるみで演出しているところは、「サザエさん」との共通点が強く窺われよう。「サザエさん」の人気の秘密は、正にチック・ヤングが述べた「ブロンデイ」像そのものでもあった。

日本における「ブロンデイ」人気は、実はこうした日常生活が笑いをもたらすといった漫画独自の効果とは別に、日本ならではの特殊な事情があったことも確かであった。それは、戦後のものの無い日本社会にあって、「ブロンディ」の中に描かれる家電に囲まれたような進化したアメリカの社会生活が、一種の衝撃をもたらしたからであった。しかもその衝撃は、ダグウッドとブロンディの夫婦が交わす会話や行動によっても、男女対等な夫婦関係がごく自然に描かれ、それが、未だ古いしきたりに縛られる当時の日本社会とも対比されて大きな社会的関心をすら呼んだのであった。

そのため、「ブロンディ」研究は漫画の領域に留まらず、獅子文六といった当時の作家や、亀井俊介など後のアメリカ研究者の間でさえ、恰好な関心事となっていく。つまり結果としてみれば、日本における漫画「ブロンディ」は、たかが漫画といった娯楽性を脱し、むしろ高度な社会的関心を高めたのであった。その意味では、必ずしも著者チック・ヤングが意図したところのものではなかったにせよ、後世、漫画家の巨匠・手塚治虫が描く「ブラック・ジャック」のような社会的効果とも、どこかで相呼応する。それが漫画の持つ社会性であるのかもしれない。

さて、漫画の話を進める上で、どうしても整理しておかなければならないことが幾つかある。まず日本では漫画について表現する時、よくコミックともカートゥーンともカリカチュアとも言われるが、往々にしてアニメもまた同意語とされている。「漫画」とは一体、どんなジャンルのものを指し、また同意語とされるこれらの表現との間では、それぞれがどう区別されているのであろうか。まずは辞典で「漫画」の定義を拾ってみる。

『広辞苑』によれば、「漫画」は「単純・軽妙な手法で描かれ、無邪気な滑稽を主とする絵」とあり、次いで「人生批評風刺を含んだもの」とある。さらに『新潮現代国語辞典』はより詳しく、「心のおもむくままにかいた、たわいのない絵。いたずらに描いた絵」とあり、また別の用語としては、「滑稽・風刺・人生批評などを主眼として、単純・軽妙な手法で描かれた絵(言葉を伴うこともある)」と付言する。さらには、「劇画」とも記されているが、全く別の用法として、俗に「滑稽な事・笑止」とも説明する。

一方、ネットに当たってみると、まず*Oxford Languages*からの転載として、「コマ割りのある絵を主体とし、台詞・擬音語などを補助手段として、出来事や物語を娯楽的(時には風刺的)に表したもの、(あるいは)その絵。例、児童漫画、政治漫画、まんがアニメ、コミック」とも表現する。また「英語ではcomics,(略)cartoon, mangaとも言う」と記された上、「狭義では笑いを企図した絵を言い、『戯画(カリカチュア)』の概念に近い。広義では、必ずしも笑いを目的としない『劇画』、『ストーリー漫画』『落書き』『アニメ』なども含み、幅広い意味をもつ」と、かなり日本での漫画理解の現状に即した解説を施している(*Oxford Languages*)。

さらにネット辞典『デジタル大辞泉』では、㈠「単純・軽妙な筆致で描かれた、こっけい・

誇張・風刺・ナンセンスなどを主とする絵。(二)「絵を連続させ、多くは台詞を伴って物語風にしたもの」とあり、『Weblio国語辞典』、『小学館』、『精選版　日本国語大辞典』、『コトバンク』、『ピクシブ百科事典』も大方は、先にあげた解釈に多かれ少なかれ似たような解説、もしくは写したかのように全く同じ表現で解説する。ただ一つネット辞典で特筆すべきは、*Cambridge Dictionary*がMANGAの表題のもと、英文で「絵によってストーリーを語る日本のコミックス」と、ストーリーもののみに特化して漫画を解説していることである(*Cambridge Dictionary* 拙訳)。

こうした多様な解説にも見られるように、日本における漫画についての研究自体は、時代的経緯や分野についてもおよそ裾野が広く、また厖大のものとなる。それでここではあえてごく単純に、しかも我流によって整理してみたい。

漫画といった場合、その発祥は日本、外国を問わずかなり古いものとなる。元はと言えば、日本では法隆寺の壁画や平安時代の絵巻物、また西洋ではエジプトやギリシャに残る壺絵にも、風物や動物を擬人化しての戯画が残されているとの記述が多くある。また宗教画にしても、釈迦やキリストの生涯やエピソードが東西を問わずして劇画化して綴られ、パネルや壁画、あるいは曼荼羅やタペストリー、そしてステンドグラスなどに嵌め込まれていった。それらは画題の規模が壮大であるがゆえに、幾編にもなって主人公の一代記となっていく。やがて中世になれば、金銭的にも社会的にも不動の地位を成した人たちの後ろ盾により、これ等の絵はなお一層豪華となり、その規模も大きくなっていったと考えられる。

だが、漫画の原点としての戯画《ぎが》を見る場合、私たちの目をより一層惹くのは、むしろ近代の絵画であるかもしれない。たとえば日本で言えば江戸時代の浮世絵師、なかでも葛飾北斎、あるいは明治から昭和にかけて活躍した版画家の棟方志功などの作品がしばしば漫画の起点として取り上げられている。そこには、本来人間や動物に備わっている自然体の顔・容姿・体軀をあえてデフォルメして、時に可笑しく、時に悲しく、その表情が当時の社会の情勢や事態を私たちに訴えているかのようである。

一方西洋では、何といっても一八世紀イギリスの画家、ウィリアム・ホガースが真っ先に思い描かれよう。中でも、当時の社会を混迷させたアルコールの弊害を描く「ジン横丁」や「ビール街」には、安酒に酔いしれた庶民が街中《まちなか》で路上に座り込んで醜態を晒《さら》すかのように描かれている。それは社会を揶揄した実写とはいえ、皮肉を込めた描写であるだけに、かなりデフォルメされた表情が窺われ、戯画のイメージを創出している。同時にホガースは、関連する複数の作品をいくつかのシリーズものとして並べ、現在私たちが漫画に見るコマの連動性や連鎖性を生み出している（『ブリタニカ国際大百科辞典　小項目辞典』）。

だがデフォルメされた画像がすべて漫画性をもっているとは限らない。たとえばピカソ、ダリ、シャガール、ゴーギャンがたとえ極端にデフォルメされた画像を描こうが、だれもがそれを漫画的素描と根源を一《いっ》にしているとは思うまい。したがって漫画とは単に実像がデフォルメされて描かれるものではなく、そこには本来ならば、あくまでも笑いを誘う要素が加味されていなければならない。

その意味では、現在、ジャンルとしては漫画として区分される『ベルサイユのバラ』や、『鉄腕アトム』、『月光仮面』、『じゃりン子チエ』、『ハイカラさんが通る』、『鬼滅の刃』、あるいはかつて戦中に一大ブームとなった『冒険ダン吉』や『のらくろ上等兵』など一世を風靡したとされる作品をすら、オチのある笑いを主体とした「四コマ漫画」から見れば、純粋に「漫画」と区分されるものとして同一視することはできない。それは、社会正義を問う手塚治虫の『ブラック・ジャック』にしても、トリックの謎解きで社会の不条理を糺す青山剛昌の『名探偵コナン』にしてさえも然りである。何故ならば、そこに共通してあるのは「笑い」というよりも、むしろ背後に展開されるストーリーだからである。たとえその作品を通じて笑いを誘うシーンやエピソードがいくつかあったとしても、その笑いは作品においての優先課題ではない。そこでの優先課題はあくまでもストーリー本体の顚末にあるのである。読者はそのストーリーに惹かれて雑誌幾冊かにわたる長編漫画を読み進めていく。

一方、現代の日本文化を象徴するかのように人気を専ら集めているのがアニメであろう。その人気度は海外にも広く及び、翻訳され、時に映画となってはその道の大賞に輝くこともある。人気度は登場人物に描かれるコスチュームが流行のファッションとなり、撮影された場所が「聖地」として崇められては観光ブームを創出する。

このアニメが誌上で読む漫画と最も異なる点はといえば、言うまでもなく「アニメ」という言葉通り画像が動く、つまりアニメーションの手法を取っていることである。何枚もの画像を絵コンテとして少しずつずらすことで動きを創出する。それにより細かい表情や仕草が愛《いと》おしいほどに表現されて、観る人の感情を揺さぶりもする。

『白雪姫』や『シンデレラ』、『バンビ』などを製作したウォルト・ディズニー、あるいは『魔女の宅急便』、『となりのトトロ』、『ハウルの動く城』、そして『君たちはどう生きるか』など多くの傑作を世に送り出した宮崎駿の作品などはその代表例であろう。それらのアニメは最早漫画というよりも動画、あるいは映画のジャンルに区分されるのかもしれない。少なくともそれは、漫画というよりも劇画《げきが》というのが相応しく思われる。そして言うまでもなく、これらの劇画が主眼とする要素は、人とは何か、人生とは何か、世界とは何か、自然界を含め「生きる」とはどういうことかを問う壮大な思想をさえ託し，その結果、自ずと作品の主体はストーリーにこそあるのである。

こうした動画にせよ、あるいは静止画にせよ、ストーリー性に重点を置くいわば「長編漫画」に対し、四コマ漫画などに代表される漫画本来の短編ものは、あくまでもその主体をコミック性に置き、作品を通して流れる笑いを醸すユーモアを重視する。そのため伝統的な四コマ漫画には、四コマといった一定のコマ数の中に必ずオチがあり、そのオチを見て人々は笑うのである。

考えてみるとその笑いは、究極、狂歌や川柳が決まった字数の中で表現する笑いとも共通しよう。厳しく律した枠内にあってこそ、人々は短いジョークによって笑いを覚えるのである。そのジョークは必ずしも言葉によって描かれるとはかぎらない。時に、主人公の表情から、あるいは読者の推量にゆだねての空白部分で表されることもある。その典型的な例があるいは「ピーナッツ」であるのかもしれない。そこでは犬のスヌーピーさえもが言葉によらない表現力をもって読者の笑いを引き出している。それこそが笑いの原点であるのかもしれない。たとえその笑いは、ゲラゲラと笑い転げるものではないとしても、何となく心を揺らし人々をニッコリ、ニンマリさせるのである。時には笑いだけでなく、悲哀感を誘ったりする。まさに、川柳や狂歌がもたらす笑いとも相通じよう。それは、笑いに隠された智恵との勝負でもあるからである。

思えば「漫画」と区分される大きなジャンルでは、たとえそれが四コマ漫画であれ、長編ストーリーであれ、あるいは動画と呼ばれるアニメであっても、そこに共通するものが一つある。

それは、画像がコマという一つの仕切りの中に収められていることであろう。コマは時に幾つか複数のコマの形をとることもあれば、冊子の一ページ全面を一つのコマとすることもある。その大小を問わずして、コマが進むことで話が展開する。時にコマはカリカチュアのように一コマで終わることもあれば、時に長編漫画のように延々とコマが並んでストーリーを展開する。しかもそのコマは静止の状態にあるだけではなく、アニメのような動きによって展開することもある。無限に発展する「漫画」ではあるのだが、本来ならば「笑い」を誘うことが主題となるはずの漫画は限られている。

その中で、ディズニーがその活躍初期に描いたミッキーマウスやポパイ、あるいはウィリアム・ハンナとジョゼフ・バーバラ共作の「トムとジェリー」など、いわゆる「カートゥーン」と呼ばれる一連の漫画は、キャラクターの動きが持ち味であって、そのキャラクターの行動や表情がいかにもユーモラスで、人々の笑いを誘うことが多くある。動画ならではの面白味でもあろう。だがその中で、トムとジェリーは宿敵同士である猫とネズミ。両者の間で知恵比べをする試練は、実際はいかに相手よりも優位に立てるか、果てはどちらが生き延びられるかの死活問題でもあり、所詮は命を懸けた両者の知恵比べでもある。

これに対し「四コマ漫画」など静止画の短編モノが仕掛ける笑いは、今少し長閑《のどか》で、謎解きにも似たユーモアのセンスを問うものであるのかもしれない。それは、一コマでも痛烈な風刺となるカリカチュアとも、動きのあるカートゥーンとも若干ニュアンスを異にするが、それでいて、ここでもまた智恵を使わなければ成立しないユーモアの真価が問われている。結局、動画であれ静止画であれ、漫画に潜む笑いとは知恵の輪のようなものであり、そこから醸し出されるそこはかとないユーモアが「漫画」の真髄となっている。

だがそれにしても、そもそもユーモアとは一体どういうものなのであろう。その「ユーモア」なるものが解明されれば、「四コマ漫画」や川柳・狂歌のエッセンスともいったものが見つかるかもしれない。

第五章　「笑い」は画像から音へ、感性に響くユーモアの仕掛け

漫画が持つ多様性のために、「笑い」の課題からはいささか逸れたところもあったが、カリカチュアにしても、カートゥーン、コミック、あるいは四コマ漫画にしても、画像の面白さは、人間の五感からいえば視覚を媒体として伝わる。それに対し、聴覚に訴えて面白さを伝える術《すべ》の一つは音楽であり、もしくは人と人との間で交わされる会話にあるのかもしれない。

勿論音楽の場合、歌詞が付き歌詞自体の中で歌われる詩の内容がコミカルであれば、それが笑いを招く事は間違いない。例えば、三木トリロー作詞作曲の長閑《のどか》にしてユーモラスな「田舎のバス」や、軽妙なリズムやメロディーに乗せた「カステラ一番、電話は二番、三時のおやつは文明堂」など数々のコマーシャル・ソングが思い出される。

一方フォークソング時代に流行ったフォーク・クルセダーズの「帰って来たヨッパライ」

(加藤和彦作曲、松山猛作詞)には、詩の言葉遣いと想定外の発想をもつ内容とに可笑しみが込められ、さらにコミカルな曲風によってなお一層可笑しみを伝える相乗効果が創り出されている。例えば、録音を倍速させて声を変調させるなど、演奏効果にも奇想天外な発想が取り入れられ、聞く人々を驚かせる効果を上げていた。私自身、当時放送されたこの曲を初めて耳にした時には、圧倒される思いで聞いた記憶を鮮明に持っている。

もっとも、この歌は酒酔い運転で事故を起こし、仮死状態になった主人公が朦朧とした意識の中で天国に憧れる。そこでは美食や酒三昧に溺れ、しかも「ねーちゃんは綺麗」と歌う歌詞はふざけ過ぎで、ましてや、酒気帯び運転を厳罰に処す社会的通念を逆なでするとした批判の声もあった。それだけにこの曲は爆発的な人気を博すとともに、話題性に富んだ作品でもあった。

他方、歌唱ではなく楽器を使う音楽の領域でも、コメディータッチの作風を持つ曲は多々あり、たとえば、楽器の疑似音により軽快に演奏されるルロイ・アンダーソンの「タイプライター」などが、まずは思い浮かべられよう。とはいっても、タイプライターに代わって登場したワープロやコンピューターが言語の伝達機器となった昨今では、タイプライターの折り返しレバーで響く「チーン」という音は、もはや「化石音」であるのかもしれない。

楽器を使ってユーモラスに演奏する技法そのものは現代音楽に限らず以前からあった。クラシック音楽とされるレパートリーの中にもユーモラスな曲想をもつ名曲は少なくない。例えばチャイコフスキーの組曲『くるみ割り人形』にしても、深夜人間が寝静まった頃にこっそりとおもちゃ箱から抜け出した人形たちが、それぞれの思いを馳せながら踊る一曲、一曲に、おもちゃの特性をモチーフとした曲風が構成されている。

さらに音楽の中でも、ユーモアを表す圧巻としてあえて挙げたいものの一つに、まずはヨハン・シュトラウス二世の常動曲「音楽の冗談」がある。シュトラウス一族の曲風とはいえ、軽快なタッチのポルカのリズムに乗せ、楽器が持つ特性を基にしての愉快な曲想が織り込まれ、聞いているだけでもウキウキ、ニコニコとしてくるのである。

そして今一つ、内容からしても誠《まこと》にユーモアに溢れたデユカスの交響詩『魔法使いの弟子』を省くことはできまい。すでに第一章でも触れたが、ある日、魔法使いの老師が外出している間に、おそらくはまだ子どもであろう弟子が、習いたての技を一人で試してみたくてウズウズする。

思い切って彼は偶々手近にあった一本の箒に魔法をかけ、その箒から水を汲ませようとした。すると、ものの見事に箒は水汲みを始めるのだが、生憎その水を止める術が分からない。焦りに焦った弟子は、次の手を、次の手を講じようとするのだが、なかなか水は止まらない。それどころか、焦った余りに箒を斧で二つに折ってみたところ、今度は一本の箒が折れて二つとなり、その両方から水が噴き出してあわや部屋中が水浸《びた》しとなる。

やがて魔法使いが帰宅し、惨状に仰天しながらも見事に呪文を唱えて水を止める。ほんのいたずら心から事を起こし、それを修復しようとして焦る弟子。混乱に陥った中で、老師にたしなめられながらも現状が修復され、弟子にもやっと平穏が訪れる――そのくだりに、聞くものは皆、その一曲から壮大なドラマを描くのである。

余談となるが、私はかつて宮尾登美子の『一弦の琴』を読むうち、文中、盲目の箏曲師が掻き鳴らす一弦琴の演奏を、一瞬、宮尾の筆の中に実際に聞いたかのように覚え、感動したことがあった。おそらくは錯覚であったのだろう。だが私の耳は、その情熱的で、狂うように弾く奔放な箏曲師の演奏ぶりを、恰も演奏を実際に聴いたかのようにはっきりと捉えていたのであった。

この「目で読んだものを耳で聞く」といった私的な疑似体験に対し、『魔法使いの弟子』では逆にデユカスが文豪の意図を音にして表している。文字にされたものを目で読む詩と、奏でられる演奏を耳で聞く音には、かくも相関性があるのであろうか。その相関性とは、おそらくは人の感性が生み出すものであるのかもしれない。それは無論、前章でみた漫画や画像の世界にも通じよう。

この「目」で見る「視覚」と、「音」で聞く「聴覚」とが相互に生み出す感性の連関性、あるいは相乗効果については、今一度「音楽」に話題を戻して見てみたい。すると、「音」は必ずしも楽器による擬音や声による歌唱を通してだけではなく、目の前にある情景を介しても伝わって来ることがわかるのである。

例えば南仏の夏、燦燦と射す日差しの下、そよとした風一つない茫漠たる農地に立てば、恰もそこに漂うけだるさを伝えるかのように、どこからともなくドビュッシーの「牧神の午後への前奏曲」が聞こえて来る。逆に音楽を聴けば、音曲が奏でるけだるさが牧草や木陰に寝そべる牛たちの怠惰な動きを牧神に託し、聞く人の脳裏にその状況を描き出していく。

無論、それは作曲者がその風景を音で描き出す絶妙な技が功を奏しているからではあるが、そこには聞く人にとり、あるいは見る人にとり、つまり聴覚を通してであれ、視覚を通してであれ、正にそこに働く感性に相関性があってのことに違いない。その機微な感性こそが、実は本章で主題となるユーモアの原点でもあるように思えるのである。だが、そうした感性に誘引されるユーモアとは、そもそも何なのであろうか。

かつて私は大学に入って間もない頃、フランス人の神学者・哲学者であったカンドー神父の授業を受けたことがある。授業の冒頭、師はフランスの小噺を紹介し、学生たちを笑わせた。

それは、アパートの六階に住む女が、けたたましい音を立てて階段を駆け降り、「大変だ！大変だ！」と叫んでいるシーンから始まった。その異常なまでに慌てている様子に、「どうした?」とアパートの住民が声をかけると、女は「今、赤ん坊が万年筆を飲んじゃってさ」と息荒く答えた。「で、あんた、これからどうする気?」と周辺の人が心配そうに聞く。と、女は、「しょうがないから、新しい万年筆を買いに行くとこさ」、と答えたという。

このフランス的なエスプリの効いた小噺に思わず学生たちが湧くと、神父は言った。この話がなぜ可笑しいのか、何故皆が笑うのか、それは話の顚末が飛躍しすぎているのが滑稽だからだ、と言った。

野暮に徹して、いったいその飛躍点は何かと問えば、まずは誰しもが優先順位と考えるのは、当然にして万年筆を飲み込んだ赤ん坊の生死と健康状況だろう(実際に万年筆を赤ん坊が飲み込めるかどうかは、別として)。だが、「それでどうする?」と案ずる周辺の思いとは裏腹に、女の答えは、どうでもいいような「万年筆を買いに行く」といったものであり、肝心な生命の話題はそっちのけにして、通論を逆転させたところに笑いがあるというのである。

そして神父は、その飛躍の可笑しさは実存主義にも通ずる滑稽さなのだ、と本題に入った。無論、実存主義に関するこの解釈には、異論を唱える人もいるであろう。だが、肝心な哲学の論議はさておき、学生たち、少なくとも私にとって強烈に印章に残ったことはと言えば、要は可笑しさを誘う滑稽さとは、辻褄の合わない話の結果だということであった。

一方、哲学の別の授業では三段論法なるものを教わり、その三段論法が陥りやすい誤謬について説明された。つまり、A＝B、A＝CであればB＝Cになるという三段論法は、たとえA＝B、A＝Cであっても前提概念の置き換えなどによって、必ずしもすべての論においてB＝Cにはならない、という三段論法の誤謬についてであった。哲学概論の若い教授は、哲学のテの字も知らない学生たちを相手に、極力分かりやすく説明しようとしたのであろう。「例えば」、と身近な例を挙げて説明した。

「例えば、○○さん（A）は女性（B）である。○○さん（A）は美人（C）である。だから、女性（B）というもの皆すべて美人（C）である、ということにはならない」というものであった。すると広い階段教室の後ろ座席からすっくと手を挙げた学生がいた。見れば同級生のKさんであった。

「先生、美人といっても『あばたもえくぼ』の場合は、どうなりますか？」とKさんは質問する。教室中が笑いに沸き、教授も笑って、「そうか、この例はまずかったか」と言ったので、改めて笑いが渦巻いた。

このシーンに遭遇した人の中には、「そんな屁理屈を捏ねないで、もっと真摯に考えろ」と思った人もいたかもしれない。だが、その「屁理屈」のお陰で、私は三段論法なるものを身近に捉えた気がした。少なくとも七〇年前にもなるその時の教室の雰囲気が忘れられず、いきいきと記憶に残っている。三段論法はともかくとしてのことである。

ユーモアとは、ある意味で時には「屁理屈」から生まれるものなのかもしれない。だがそう規定する前に、端的にユーモアとは何かを、改めて辞典に当たって見てみたい。まずはおなじみの『広辞苑』ではどうであろうか。

『広辞苑』を見ると、ユーモアとは「上品な洒落、可笑しみ、諧謔」と説明する。次に、『新潮現代国語辞典』では、「思わず笑いを誘うような気の利いたおかしみ。諧謔《かいぎゃく》」とある（『広辞苑』岩波書店（第七版）、『新潮現代国語事典』、新潮社、一九八五）。

一方、ネット辞典をみると、まず『コトバンク』では、humourとは「人を傷つけない上品なおかしみやしゃれ。知的なウイットや意志的な風刺に対してゆとりや寛大さを伴うもの」とある。さらにユーモアは「近世のイギリス文学の重要な特質の一つ」とも補足する。

また『Weblio英和・和英辞典』では、「おかしさ、こっけい、（人の気質、気性、一時的な気分、気持ち、機嫌、気まぐれ、気分）」ともある。そして*Oxford Languages*の定義としては「人間生活ににじみ出るおかしみ。上品な洒落。人生の矛盾・滑稽等を、人間共通の弱点として寛大な態度でながめ楽しむ気持ち」がユーモアだということになる。

その他『英ナビ』ではユーモアを「巧妙さ、話術または不合理さが笑いを引き起こすメッセージ」とし、『英辞郎』では「（話などの）おかしみ、面白さ、滑稽さ」とある。また『goo辞書』では、「人の心を和ませるようなおかしみ。上品で笑いを誘う洒落、諧謔」などとある。

さらに辞書からは離れるが、ネット情報として上げれば、sense-of-humor.com では「にんげんせいかつ（人間生活）ににじみ出る可笑しみ、上品なしゃれ、滑稽」と解説する。

さらにライフスタイルを研究する michill by GMO では、「ユーモアとは何か」と題し、「人を和ませる上品な笑いのこと。ユーモアは相手に気遣いや配慮を示した笑いであり、下品な笑いや人を傷つける笑いではない」とまで言及する。

同じくライフスタイルを研究し、さらにそれを基にファッションや雑貨・インテリアなどを紹介する「キナリノ」では、「ユーモアがある人は、どんなにささいなことにも面白みを感じられる純粋な人。日常の何気ないことも、見方を変えれば幸せやたのしみを見つけることができ」、物事を多角的に見ることを勧めている。さらに、「頭の引き出しが多い人ほど、物事をいろんな面からみることができ、会話にユーモアが生まれる」とも解説する。

これら辞書やネット情報にあるユーモア論には、当然のことながら概念が類似するか、あるいは解説の出典を共有もしくは引用しているためか、重複するところも多々ある。とはいえ、ほとんどすべての「ユーモア論」で一致するところは、ユーモアの概念に求められる条件が、「上品さ」・「他人《ひと》への配慮」・「頭の柔軟性」といった点に集約されていることであろう。

ユーモアを巡る辞典解説の中で今一つ注目されるのは、いくつかの辞典がユーモアについて「“humor”（英）ヒューモア、もしくは“humor”（独）フモール」という風に、ユーモア（ヒューモア）に関連して言語別の表記を並列させていることである。例えば、岩波書店の『広辞苑』第七版では、ユーモアについての説明は先の通りとなるが、遡って一九六九年に出版された第二版には、それらの説明に加えて、ユーモアとは「ヒューマー、フモールのこと」とも言及されていた。

さらに辞書・事典によっては、このドイツ語表記の他に、他言語での表記をも記しているものもあった。たとえば、humour は、アメリカ英語では "humor"（ヒューモア）、フランス語では "humeur"（ユムール）、イタリア語では "umore"（ウモーレ）、そしてラテン語では "umor"（ウモール）と記されているのである（改訂新版『世界大百科事典』、平凡社）。

実は、この最後に表記されたラテン語のウモールこそが、本章で課題となるユーモアの語源となるのであり、その本来の意味は、ラテン語では人の体内に流れる「液体（"liquid" または "fluid"）」のことであったという。ちなみに日本語で言うユーモアはあくまでも英語のヒューモアを邦訳したものであり、世界に稀な用語としてその語彙の語源自体を直接ウモールに辿ることはできない。それでいて、『ユーモア』と言う訳語の意味が「ウモール」という語彙に由来するものであることには変わりはない。

この「ウモール」といった「ヒューモア」の語源論に関し、専門書を除く一般辞書・事典の中で最も詳細に説明しているのは、おそらくは英文百科事典の *Britanica* であろう

（*Britannica,* VI）。そこに説明されているヒューモアの語源論「ウモール」については、実はすでに本書第一章の「ミスター・ビーン」のおかしな言動を説明する箇所で述べてきた。だがここで改めて「ウモール説」につき今一度整理しておきたい。

Britannica によれば、この人体分析に関する「ウモール説」は、古代ヨーロッパから始まり中世に至るまでの生理学・フィジオロジー界を連綿と席巻してきた中枢的解析であった。それは人体に流れる主要な四種の液体、すなわち血液（"sanguine" またはラテン語では "blood"）、胆液または痰のような粘液（"phlegm"）、黄色胆汁（"choler"）、黒色胆液（"melancholy"）などの体液を分析することで、人の体調や性格が解明されるという。

つまりこの四種の体液にはそれぞれの特性があり、たとえば㈠血液は血気盛んな性格に通じ、血液bloodが抜きん出て多い場合は多血質であったり楽観的になったりする。一方、㈡痰（phlegm）が多いとphlegmatic, つまり冷静である反面、無気力になったりする。さらに㈢黄色胆汁（choler）＝（yellow bile）が多いとcholeric、すなわち怒りっぽく短気になりやすく、㈣黒色胆汁（melancholy）が多ければ世に言うメランコリックmelancholic、つまり陰鬱になりがちだという。

さらにこれらの体液がそれぞれの配分比率によって、特性を持ついずれかの体液が異常に突出して過剰であったり、あるいは極端に過少であったりすることにより、体液相互間のバランスが崩れて人の性格（個性）を異常にするという。つまりウモールのアンバランスが、人の「おかしな」性格や異常行動を生むというのである。

その上、性格や体系としての特性を上記の四分類から勘案すると、より精緻にその特性を割り出すこともできるという。例えば三番目の黄色胆汁が多い人は怒りっぽいだけではなく、誇り高くもあり、野心的でもあり、嫉妬心も強く狡猾であるという。さらにその体質・体型は顔色が黄色く、痩せていて体毛が濃いとの分析もなされていたと事典は要約する。だが逆に、その配合のバランスの良さ、もしくは陽気さを特性にもつウモールが優勢になれば、人は陽気で楽観的、かつ好奇心や向上心を持つ性格に恵まれるという。

以上が*Britannica*の解読するウモール説であるが、こうしたウモール説がクローズアップされることで、「ウモール」という表現が人の楽観性や好奇心とも繋がり、それが、やがては「ヒューモア」の語源となっていったのであろうか。なお、『平凡社大百科事典』でも、*Britannica*が説明するウモール説については、同様な用語でかなり詳細な表記が邦文であり、加えて、同書は欧米や日本の文学作品などの例を引きながら、「ユーモアとは、ペーソス（哀しみ）の要素が交じり、極めて矛盾に満ちている」とし、ちなみに、ウイットやエスプリとは異なるものだと説明している（『平凡社大百科事典』1985, XV）。

ここで再び*Britannica*に戻り、先のようにウモール説を詳細に解読した事典としては、本章の課題である「ユーモア」、つまり近代社会で使われている語彙としての「ユーモア」についてはどのように定義づけ、どのようにその仕組みを説明しているのであろうか。まず定義として*Britannica*は、「ユーモア」とは「複合的な知的要因が、［人の持つ］笑いに対する反射神経を閃かせ、ときめかせて［笑いを］誘引する一つの伝達法」だと意義づけている（*Britannica*拙訳）。つまり俗にいえば、ユーモアとは、人の交感神経を刺激して笑いを誘うようなコミュニケーションの形態だということになろう。

さらに*Britannica*では、「ユーモアのほとんどは、粗雑なジョークから最も優雅なウイットやコミカルな逸話に至るまで」、「互いに連携しながらも全く噛み合わないような二つの事柄を、咄嗟の判断で結び付けることにより生み出される」としている。つまり「コミックは二つの異なる事象同士が突然ぶつかり合うことで引き出され」、その突然のぶつかり合いが「聞く人をして、今、自分が置かれている状況下で理解している事を、多少の関連性はあるものの全く相容れない別の事柄と結び付けるように強制される」から、笑いが生じるのだという（*Britannica*、拙訳）。

それはある意味で、「赤ん坊が万年筆を飲み込んだので、急いで新しい万年筆を買いに行く」という、カンドー神父の「飛躍のおかしさ」、理不尽な「突飛さ」とも符合する。だが同時に*Britannica*は、その意外性がもたらすユーモアのプラス面をも強調し、「創造的な資質を持つ積極性というものは、少なくとも人生を楽しく生きようとする人にとっては、先天的に好まれるものであるのかもしれない」と補足する（*Britannica*、拙訳）。

その上で、こうした相反する要素を組み合わせて「ユーモア」を発するには、基本的かつ不可欠な三つの条件が必要だという。その条件とは「たとえ微少であれ外からの刺激に果敢に反応する衝動心」、「感知力」、そして「ユーモア気質」であるとする。

つまりそれは言い換えれば、異なった二つの事例が反転した時に見事に反応できる瞬発力であり、感知力であり、さらには事の展開を俊敏に読み取る鋭い感性と、併せユーモアを受け容れる寛大さ、大らかさが必要となる。結局ユーモアに必要なのは、「遊び心をもつ」ということにも通じるのであろうか。

こうしてみると、ユーモアは誰かが俊敏にユーモアを発しても、それを聞いた受け手が、そのユーモアに対応できなければ笑いは生まれない。つまりユーモアとは笑いのキャッチボールなのである。

かつて私は友人から、「もしかしてそれ、ユーモア？」と訊かれ、思わず絶句したことがあった。ユーモアのつもりで発した言葉が相手に響かないとすれば、それは発したユーモアが稚拙なものであったからかもしれない。同時にそこではキャッチボールが成り立たなかったことになる。

ユーモアに関する真面目な論点を説明するには、余りにも私事で卑近な例とはなるが、それはつい最近、私が病院眼科で治療を受けていた時の話である。私の病は、加齢による黄斑変性という厄介な病気で、視力の中心である黄斑部に生じた新生血管が原因で視力を低下させる。その症状を少しでも抑え、最悪のケースとしての失明を防ぐため、定期的に硝子体に注射を受けているのである。治療の過程では、事前の麻酔・事後の抗生物質など多種の薬を点眼により目に投与するため、注射後には目の周りに付いた薬を拭き取るなどの手当をしてくれるのが常であった。

「それでは、お目の周《まわ》りだけキレイにしますね」、と看護師が言った。目の周辺をガーゼで拭うだけのことである。

だがその瞬間、断ちがたき衝動に駆られて私は思わず言った。

「あの、顔全部をキレイにして」。

すると看護師は哄笑し、間髪を入れずに「まあ、どうしましょう。どうやってこのお顔をキレイに？」と言う。

憶測できる看護師の対応としては、「余計なことを！」と無視する反応もあり得たのに、哄笑してくれたお陰で場がほぐれ、硝子体に注射をするという緊張しきった雰囲気を一瞬にして和ませ、注射の後の鬱陶しさをも耐えやすいものとしてくれた。

この愚話をわざわざ解説するのも恐縮だが、この場合、お互いの会話はすこぶる短かいもので、単語も限られたものだった。そのキーワードでもある「キレイに」という表現は前後の経緯から、当然、看護師が最初に発した言葉としては、「清潔にする」という意味に過ぎなかった。だが私の無駄口は「美」への願望も籠めた「キレイ」であった。年寄りの図々しさである。だが看護師は同じ言葉でも、「清潔」の「キレイ」が「美」の「キレイ」に転換したことに、瞬時に反応してくれたのであった。

しかもその看護師の答えがフルっていた。つまり「どうやってこのお顔をキレイに？」とは、客観的に見て「その破壊的な顔」をどうしたら修復できるかとも、逆に、これ以上どうやってキレイにできるかとも取れ、顔の美醜に関して如何様にもとれる曖昧さで、結果的には至極無難にして且つ嫌味のない返事となったのである。この言わずもがなの私の無駄口に対し看護師が見事に反応してくれたのは、まさに上で述べてきたユーモアの基本的条件、つまり瞬時の反発力・感知性・ユーモアのある遊び心であった。

健康に関わることで、今一つ忘れられないジョークがある。それは今から一〇年程も前のことで、ちょっとした体調不良から私は医学療法士の治療を受けることになった。

初対面であったにも関わらず、適宜な治療を受けてか体感的には早々と、しかも魔術でも使ったかのような見事な効果があったので、思わず私は言った。「これ、マジック？」。すると彼はすかさず切り返して応えた。「いえ、ロジックです」。治療は魔術などではなく、論に基づいたものだとする、まことに要と論を得た素早きこの対応こそ、正にユーモアのセンスに適っている。

ユーモアのエッセンスでもあるこうした発想の逆転は、何も私の卑近な例を引く迄もない。そうした例は、すでに第二章でみたように、寄席の番外演し物でもある「大喜利」、なかんずく「なぞかけ問答」の中で数多く展開されているからである。そのなぞかけ問答は、かつてラジオ番組の「とんち教室」で、春風亭柳橋が「雷」と掛けて「瀬戸内海」と解き、そのこころ（答え）は、と問われれば、「へそないかい」と発した僅かな一言に、異質な二つの考えをものの見事に繋げる発想の転換が窺われるのである。とはいえ、こうした発想の逆転は、聴覚による音感があってこそ、伝達し得る妙味なのかもしれない。

こうして人は思いもよらずして、笑いに囲まれ、笑いに救われる。それを可とするか、非とするかは、あくまでも本人次第である。だが百科事典*Britannica*が説明するように、ユーモアは「少なくとも人生を楽しく生きようとする人にとっては、先天的に好まれるものであるのかもしれない」。

再び学生時代の話に遡るが、ある日、私は友人と東京の広尾から赤羽橋に向かう路面電車に乗っていた。何でその方向の電車に乗ったのかは思い出せない。生憎車内に空いた席はなく、その日に限って重い荷物を手に、私たちは出口に近い窓際に立って談笑していた。

およそ他愛もない話だったとは思うが、事の弾みで友人が笑いながら言った。「その話、何か魂胆がありそう」。私は別に意識したわけでもなかったが、咄嗟に「そう、腹に一物、手に荷物！」と即答し、二人でまた爆笑した。そのシーンを今でも時折思い出すのは、心なしかその言葉で手荷物が軽くなったように思えたことである。

だが、自ら傑作だと自画自賛していたそのフレーズは、実はもともと「腹に一物、背に荷物」という「いろはがるた」に詠まれた常套句であり、私がオリジナリテイを誇るものではないことを後から知った。おそらくは何かの折に耳にしたその句が私の頭の中に刷り込まれていたのであろう。元祖「腹に一物、背に荷物」には、それだけ弾むようなリズム感と、聞く人をして納得させるような合理性があったのであろう。

ところでユーモアの話に付随して、私たちはしばしばジョークという言葉をも、たとえ無意識のうちにでも、同じように使っていることに気づくであろう。ではジョークとは一体何なのであろう。ジョークとユーモアではどう違うのだろうか。今までユーモアという言葉が持つ意味合いを追ってきた私は、ジョークについても再び辞書を開いてみたくなった。

まずは"joke"を英語だと想定し、三省堂のコンサイス英和辞典を開いてみる。そこには端的に分かりやすく名詞として使う"joke"につき、「冗談、からかい、いたずら」とあり、その他の意味合いとして、「取るに足らないこと」だとも記されている。さらに"joke"の転用語として、面白くもない冗談のことを英語では"a weak joke"と言うとも書いてあった。

英和辞典から離れ、一般辞書としての『新潮社現代国語辞典』をみれば、「ジョーク（冗句）とは無駄な句、冗文」とあり、『広辞苑』でもジョークは「冗句、無駄な句、不要な句」とあった。ちなみに日本語の漢字で書く「冗句」は、言わずもがなジョークの当て字である。とはいえ当て字でありながら、全教図が発行する『ど忘れ漢字辞典』では、れっきとした漢字として列記されている。それだけ日本人の感覚の中に、「冗句」という言葉が定着したのであろう。見る人によっては、「ジョーク」を「冗句」と置き換えた発想こそが、見事なジョークだというかもしれない。

一方、ユーモアについて詳細にその背景を記載した*Britannica*では、形容詞としての"joking"や、"joke"から転じた"joker"あるいは"joking relationship"（冗談を言い合う仲）という項目はあっても、"joke" それ自体の項目がない。（但し、別刷りのIndexには、ジョークは「ユーモアのセオリー」とされている）。それでいて、「ユーモア」の項目の中には、「ユーモアのほとんどは、粗雑なジョークから最も優雅なウイットやコミカルな逸話に至るまで」という記載がある。そのことは、すでに本章でも紹介した。この「粗雑なジョークから最も優雅なウイットやコミカルな逸話に至るまで」と文中にある「粗雑なジョーク」とは何であろう。

まずは*Britannica*にあるその項目を、文意に照らし改めて精読しても、実はそれがジョークの中でもたまたま「粗雑な」ものを意味するのか、あるいはジョークすべてが「粗雑」だとしているかは不明だが、少なくともジョークが「ユーモア」のカテゴリーに入ることだけは認知されている。それでいて何故*Britannica*では、「ジョーク」という項目そのものを欠落させているのだろうか、一つのミステリーではある。

そこで、このユーモアとジョークの違いにつき、あえて両者を対比させるとすれば、どの辞書・事典を見てもユーモアが「上品さ」・「人への配慮」・「頭の柔軟性」といった肯定的な受け入れ方をしているのに対し、ジョークの項目では、「不要」とか「無駄」だとかいった、より下等の扱いがされている。

たしかに日本社会では、「ほんの冗談」とか「今の話は、ジョーク、ジョーク」と言っては、ジョークが罪のない戯れとしてお茶を濁したりする時に使われている。もしかして、そうした軽い言い方そのことが*Britannica*でいう「粗雑なジョーク」の条件と適合するのであろうか。

一方で私たちは、ジョークの他にギャグという言葉をも耳にする。それではギャグとは一体何なのであろう。言葉の語源が英語だと仮定して再び三省堂の「新コンサイス英和辞典」を引いてみる。そこには、ギャグとは演劇界用語で使う「場当たりの入れ台詞《ぜりふ》、だじゃれ、滑稽な所作」のことだと記されてあった。そのほか、ごまかし、嘘という意味合もあるとともされている。さらに、上質とされるユーモアに対して、ギャグはジョークや駄洒落と同様に、ユーモアに通じる即興性を持ちながらも、ユーモアよりは質の低いものだとされているのである。

だが、日本でいう駄洒落の場合、そのすべてを下等なものとして排除するには当たるまい。つまり、駄洒落か、ユーモアなのかを識別するのには明確なカテゴリーによってではなく、あえて言えば、聞くに堪えないような文字通り稚拙だと人が思うものが粗悪で下等なジョークということになろう。

先に述べたコマーシャルソング「カステラ一番、電話は二番、三時のおやつは文明堂」にしても、洒落た語呂合わせをしながらも、短い歌の中に、内容としては十分な宣伝効果を持っている。その見事な語呂合わせと、充実した内容で、このコマーシャルソングはユーモアを湛えたものとして考えられるのかもしれない。

一方、「腹に一物、背に荷物」にしても、「いろはがるた」の中にあるとはいえ、一種の言葉遊びとしては、「駄洒落」に入るとする人もいるかもしれない。だが、その短い句には、単なる語感を弄《もてあそ》ぶ駄洒落に留まらず、「背に負う荷物」と「腹に秘めた一癖《ひとくせ》ありそうな思惑」が、「背」と「腹」の表裏に隠されていることに得も言えぬ可笑しみが籠められている。そこでは、相離反する二つの事象を唐突に繋ぎ合わせるという、ユーモアとしての条件も備えている。その意味で、「腹に一物、背に荷物」は単なる駄洒落ではなく、ユーモアに入るのであろうか。

こうして堂々巡りをするうちに、総じてみれば日本社会では、私自身をも含め、結局はジョークであれギャグであれ、駄洒落であれ、あるいはユーモアであってさえも、私たちの日常生活においては、それぞれを殊更に差別化することなく、つまりある意味では無意識のうちに同意語として使っているのではあるまいか。

結局、あえてユーモアを他の軽いジョークやギャグや駄洒落から差別化し、高度化したものであるとすれば、そこに知的なウイットとしての要素があるか、ないかが一つの決め手となる。しかもそのウイットは往々にして、語彙の豊富さからも生まれてくる。それは学ぶことによっても得られようが、得た語彙を場に合わせて瞬時に適用する、つまり巧みに使いこなす機転によって効果を発揮する。だがこういったことに対してさえ、日本人は案外無頓着であるのかもしれない。つまり日本社会ではそれらを一元化して、笑いを誘うものとして理解しているのであろう。

第六章　「笑い」の中のセンシビリティ(1)

——ユーモアの落し穴

今までユーモアに特化して「笑い」の特性を見てきたが、たとえユーモアであれ、ジョークであれ、それが必ずしも笑いを誘うものとは限らない。例えば、ブラックユーモアとして識別されるジョークもあるからである。それは言葉の裏に潜む邪気とでもいえようか。例えばイギリスの刑事ものテレビで放映された*Vera*（『ヴェラ〜信念の女警部』）では、私をどっきりさせるような短い台詞《せりふ》があった。

それは年老いた炭鉱夫が自分の娘を殺害した嫌疑をかけられ、事件の重要参考人として炭鉱夫の元妻で今は別居中の女の居場所を警部が質《ただ》すシーンであった。元妻の居場所はどこかと尋ねる警部に、老いた炭鉱夫は吐いて捨てるように言った。「知らん。居《お》るとすれば地獄だろう」。その短い台詞《せりふ》の中に、炭鉱夫の元を去った元妻への気持ちが窺われるが、居るとすれば、この世ではなく地獄ではないかと、皮肉を込めた捨て台詞には、暗いブラックユーモアの陰が漂っている。

一方で私には、ブラックユーモアと聞くと気になる話が一つある。それは他愛もない私事《わたくしごと》だが、馴染みの牛乳配達員が月末の集金に訪れた日のことであった。たまたまその日はよく晴れた日で折しも鶯の囀る声も聞こえていた。この春爛漫の陽気に誘われてか、配達員が思わず「長閑ですなあ」と言った。私も相呼応し「本当に！」と答え、「これで集金さえなければね」と無駄口を叩いた。配達員は大声で笑い、気持ちよさそうに帰っていった。だが、この話を知人にすると、それはブラックユーモアですよと言われた。何故ブラックユーモアになるのか解せないでいると、「少なくとも日本では、そう言う冗談は言わない」と彼は言った。何故だろう。

この場合「集金」は一般的表現として、特定な人や職業を非難したことには当たらない。配達員自身も、集金される側の立場に立つこともあるからこそ、彼はあんなに愉快そうに笑ってくれた。思えばユーモアは、その一時《いっとき》という瞬時の状況があってこそ成り立つもので、後日、他人《ひと》に話しても面白くないこともあるであろう。ただ、この場合のやり取りは、決してブラックユーモアには当たらないことだけは確かである。ちなみにブラックユーモアを辞書で引いてみる。

『広辞苑』には「ブラックリスト」や「ブラックミュージック」の項目はあっても、「ブラックユーモア」は見当たらない。また平凡社の『大百科事典』には「ユーモア」も「ブラックユーモア」も扱われていない。

一方、『新潮現代国語辞典』には「ブラックユーモア」として、「不安、恐怖を与えるユーモア」とある。さらにユーモアについて詳細な記載を持つ *Britannica* を見ると、「ブラックユーモアはブラックコメディとも言われ、死者や幽霊など気味の悪い要素をコメディと抱き合わせて創作された作品」のことだとされている。

Britannica によれば、そうしたブラックユーモアの手法はすでに一九四〇年にフランスの実存主義者により作品に著わされているが、ブラックユーモアの概念が定着するようになったのは一九六〇年代以降だという（*Britannica*, II）。つまり「ブラックユーモア」は、作品の中の一手法であって、むしろ著作のジャンルとして使われることも多く、日本で言われているブラックユーモアとは解釈が異なっているのかもしれない。

ブラックユーモアの定義はさておき、ブラックユーモアよりも実は一段と恐ろしいのは、デリカシーを欠いた冗談そのものであるかもしれない。かつて任命早々にして更迭となった元法務大臣は自らの任務について、「朝、死刑のはんこを押す。昼のニュースのトップになるのは、そういう時だけという地味な役職」だと発言し、物議を醸したことがあった。法務大臣としては、重責を担うことを重々承知しながら、むしろ照れ隠しで茶化し、大した職務ではないと冗談めかして発言したのかもしれない。だがたとえその意図したところが違うとしても、結局はその一言が大臣としての命取りになった。

実は、これに似た話はどこかで聞いたことがある。それは一九二〇年代にアメリカ商務省のオスカー・ストラウス長官の吐いた言葉であった。ストラウスは、商務長官としての精々の日課は、「一日二時間ほど出務し、(河川の安全を確認して、無事)魚を寝かせ、沿岸の明かりをつけてやる位」だと発言した。それは商務省が当初、「国勢調査、漁業、通商、航海、重量測定基準、気象、灯台管理、沿岸および土地測量に至るまで」と、余りにも広範囲の業務を担当しながら、実際にはその権限が確立されていなかったため、商務省としての特性を打ち出せないという、いわば行政組織に対する痛烈な批判でもあった(拙著「フーヴァー政策の再評価の限界と発展性」『アメリカ研究』、第12号、一九七八)。

もともと商務省は一九〇三年に労務・商務兼担で創設され、その一〇年後に両務が二分されてから独立省庁として発足したばかりであった。しかしフーヴァー(後の第三一代大統領)が商務長官となって商務省の機能活性化を図るまでは、商務省の役割はおよそ希薄で弱小の権限を委ねられているに過ぎなかった。ストラウス長官がその職務につき慨嘆したのも、あくまでも当時の無機能で権限のない商務省の任務を皮肉ったもので、日本の現行の法務省とはその任務の重大性を異にしている。

それでいて、職務に対し揶揄したような物の言いようがどことなく似ていながら、似て非なるのは、その対象事が片や魚を寝かせるといった他愛もない冗談に対し、片や人の生殺与奪《せいさつよだつ》を決める重大事に軽々しく冗談を叩いた軽率さが問われていることである。改めてユーモアたるものの条件を思い出せば、「上品さ」・「人への配慮」・「頭の柔軟性」であったはずである。元法務大臣がおそらくはユーモア、あるいは「ほんの冗談」のつもりで言った発言は、疑いもなくこの基準から外れている。

それにしても政治家には何故舌禍が多いのであろう。それは支持票を集めたいがために、笑いをとって自分の人気度を高めたい。それがために、ユーモアを誤認し、誤用しているのではあるまいか。笑いを取りに行こうとしてわざわざ用意しても、状況の判断を欠けば、ことの良し悪しの判断もつかなくなる。

だがこのことは政治家のみならず、教師を含め、人前で話すことを生業とするもの皆等しく自省し、心しなければならない。我が身に顧みても、たとえ意図するところではなかったにせよ、時に思慮を欠き、不用意で吐いた軽口にいまだほぞ噛む思いをすることもある。

洒脱なユーモアは、構えてユーモアを言わんとするのではなく、場に応じ、状況に応じ、即興的に発生されるところに可笑しみがある。そこにユーモアが知的なウイットと称される所以があるのであろう。だがそれでいて、ユーモアが求めるその即興性が逆に落し穴になることもある。それは咄嗟の判断が優先され、思慮を失うこともあるからである。ユーモアが持つ瞬発性は、言ってみれば、諸刃の剣となる危険性をはらんでいる。だからこそユーモアに求められるのは、デリカシーなのでもあろう。

改めてユーモアについての辞書・辞典等の説明を思い起こせば、ユーモアは「心のゆとりの中から生まれる」とあった。無理に笑いを取りに行くところに、すでに心のゆとりを失っているのではあるまいか。

たとえユーモアであれ、ジョークであれ、冗談であれ、笑いを引き出す要素はむしろ自然体の中にある。だからこそ、無邪気な子どもの仕草に、そしてふとした動物の動きに、私たちは思わず笑みを浮かべてしまう。ユーモアとはその自然体と、それに加味される即興性と知性とそしてデリカシーによって磨かれる。だからこそ人の心を品よく和ませるものとなるのであろう。

第七章　「笑い」の中のセンシビリティ(2)

――あなたはどんなことに笑うか

それにしても、笑いとは一体何であろう。そして私たちは、一体どんな時に腹の底から笑うのであろうか。

例えば私は、漢字の「笑い」という字を見ただけで何となく面白く可笑しく思えてくる。それは元を質《ただ》せば漢字そのものが象形文字から来ているからだろう。辞書によれば、その文字は巫女が笑い興じて踊る様を表わしているという（『新漢語林』、大修館書店、２版。なお、ネット情報では、「ＯＫ事典／漢字／漢和／語源辞典」等が巫女を画く象形文字説を上げている）。なるほど、見れば見るほど「笑い」の字は愉快で、少なくとも怒りとは無縁に思えてくる。

ある日、日本語で書く「笑い」という字は、見ただけでおかしく思えてくるとアメリカ人の友人に話した。すると彼女は英語の“laugh”という字だって、見ていれば自然と口元が綻《ほころ》んでくると言う。おそらくそれは長年の経験から、"laugh"イコール「笑う」ことだと、頭のどこかに刷り込まれてのことであろう。いずれにせよ、「笑い」という文字が国境を越えても同じような感興を生み出すとは、「笑い」に思いを馳せる者にとっては、どことなく嬉しいことではある。

英語で綴る"laugh"という言葉で、今一つ思い出されることがある。それは私がミシシッピー川の畔に住む友人ジョーンを訪ねた晩のことであった。州立図書館の要職にあってキャリアーウーマンであった彼女は、普段は余り家事に時間を費やすことがなかった。だがその日は、私のためにと手料理でもてなしてくれることになっていた。

ところが、料理の途中、オーブンに入れてあった耐熱容器が、おそらくは容器から吹き出る蒸気か何かで濡れてでもいたのであろうか、突然音立てて割れ、もはや楽しみにしていた肉料理を食すことは出来なくなった。それは料理中の不注意による失敗だと言えばそれまでだが、傍にいた私も茫然とし、慰める言葉も見つからなかった。

するとその夜、相客で来ていたジョーンの友人マーリンがさり気なく言った。「ジョーン、私、貴女のこと、笑ってるんじゃない。貴女と一緒に笑ってるの」("Joan, I'm not laughing at you. I'm just laughing with you.")と言う。たとえ失敗だとしても、滅多には起こり得ないこの珍事に、いっそ笑ってしまおうと言いたかったのであろうか。

他人《ひと》の失敗をあえて笑うことをしないアメリカ社会で、マーリンの言葉は彼女が見つけた精一杯の慰めの言葉であったのは確かであった。夕食を前に、予期せぬこの不慮の事故に、泣き出したくもなるようなジョーンの気分を、マーリンは「笑い」という言葉を使って慰めようとしたのだろうか。

「日本語の助詞と違って、英語の前置詞には一つひとつ具体的な意味がある」と、ブライトフューチャーアカデミー代表・冨沢拓夫氏が監修するネット記事は説明する（『Ameba塾探し』）。正に"laugh"のあとに"at"を付けるか、"with"をつけるかのように"you"に対しての前置詞を置き換えるだけで、単語の意味合いが微妙に変化する。その英語のレトリックを使ってマーリンは、"laugh"は失敗に対する「侮蔑」ではなく、「同情」だとする咄嗟の判断で、友人を慰めようとしたのであった。無論、それにより、悲劇的な事態が収拾されるわけではなかった。だが友人の失敗を精一杯の言葉で慰めようとしたマーリンの言葉を、ジョーンはきっと受け止めたに違いなかった。

それにしても英語であっても、日本語であっても、「笑う」という単なる一つの言葉や行為が、こんなにも人の情感を掻き立てるものなのであろうか。それだけに、「笑い」に対する細やかな神経、つまりセンシビリティが必要となる。

思えば私は、夢を見、夢の中でも声出して笑うことが偶にある。どんな夢であったか、目覚めた一瞬は思い出しているのだが、起きてから皆に話そうと思った時には、何のことだったかすっかり忘れてしまっている。それにしても、こんなに楽しく夢で笑えるなんて何と得な話。しかも一文も浪費することなく楽しめるのだから、とセコイ考え方までしてしまう。

無論、笑えないような夢も時には見る。子どもの頃には、海から聞こえる潮騒のせいか、よく津波や高潮に襲われる夢を見た。北陸の生まれかと心理学者から聞かれたが、湘南地方でも、私が子どもの頃にはまだ周辺に余り家がなく、荒れ模様の日などには、よく近くの海岸から聞こえて来る海の音にうなされ、怯えたものであった。

学校に行くようになってからは、戦時中のこととて余り遠足などに行く機会がなかったにもかかわらず、何故か遠足に行っても私だけがお弁当を持って来ていない夢を見た。それは、かなり成人してからも時々見る夢でもあった。ある時、その話を友人にすると、友人もまた、大人になってもいまだに見る夢があると言う。それは登校時に、上着だけは制服なのに、何故かスカートの代わりに縞々のパジャマ・ズボンを穿いている夢だという。子どもなりにも、何がしかの緊張が植え付けられて、皆成人するのだろうか。

一方、終戦直後の夏には、占領軍・アメリカ艦隊が漆黒の船体を晒して横列状態で湘南の沖合に停泊するのを目の当たりにした。その夜、アメリカ兵に追いかけられる夢を見た。もしかして、近所のおばさんが追いかけられたというあらぬ噂を聞き、一人で外には出ないようにと、言われたからであろうか。

いくら逃げようとしても学校の階段を駆け上がることができず、へなへなと座り込みそうになるのを、夢の中で懸命に激励している自分がいた。不思議なことに目覚めてからも、夢の中でどうもがいても走れずにいたその時、疼くように覚えたあの膝の痛みを、目覚めてもなお感じていたのはなぜなのであろう。いまだに解せぬ思いで当時を振り返ることがある。

夢の話の続きだが、車の免許を取ってからは、私は頻繁に運転中の自分を夢で見た。走行中、前の車にぶつかりそうになり何度も何度もブレーキのペダルを踏む。だが、いくら踏んでも車は止まらない。結局は自分の車が前の車を突き飛ばしたところで目が覚める。それが夢の一つのパターンであった。

そうした夢は車に乗り始めの頃から、かなりのベテランの域に達してからも、なお何十年にわたって見続けてきた。余程の緊張感が私を捉えていたに違いない。やがて夢では慣れっこになったのだろうか。夢の中で、「ぶつかる、ぶつかる」と思いながら、どこかでこれは夢なのだ、夢だからこそ目が覚めれば何事もなく無事に終わるのだと、自分に言い聞かせている。しかも、ぶつからない限りは目を覚ますことがない。したがって目が覚める迄は、決して安堵感を味わうことは出来ない、そう夢の中で悟り切っているのであった。

車には結局六〇年余も乗り続け、やがて免許更新を迎えた年にあっさりと更新しないことにした。それは免許を取った二〇歳代《はたち》の時から決めていたことであった。つまりある一定の年になったら車には乗らない、という自分なりの誓いみたいなものがあったからである。おそらくそれは私が免許を取ったのがアメリカで、そこでは当時大勢の年配者が車を運転しているのを間近に見ていたせいかもしれない。車を格好よく運転するためには、運転年齢には限界があると、勝手に思い抱いていたためであった。それは運転の危険性と言うよりも、車に乗るからには、格好よく乗っていたいからであった。そこで、少なくとも車をやめる時期として、ある一定期限を設けることを自分に課していたのであった。

私を知る人からは、「お前から車を取ったら何が残る?」と冷やかされながら、案外、あっさりと車に乗ることをやめた後は、不思議な位、車に未練は残らなかった。

だが今度は可笑しなことに、夢の中では未だ運転している自分がいる。やっぱりどこかで未練があったのだろうか。しかもその夢では、かなりの距離を快適に走った後、突如として、もはや自分には免許証がないことに気づき愕然とする。はてさてこの距離では、このまま進んだ方が無事なのか、それとも家に帰った方がよいのだろうか、そう悩んだところで夢から目覚めるのである。それは笑うに笑えない私のさもしい心情であった。この先いつまでこの夢が続くかは分からない。案外、車を持たずして運転を楽しんでいるのかもしれない。さらなる自分のさもしさをただただ笑うのみである。

こうした夢では、多くは夢の中で笑うのではなく、夢から覚めて、夢を見た自分自身を笑っている。無論夢の中では、幸いにしてパトカーに捕まったり、事故を起こしたりするなど深刻な事態は起こらない。だからこそ笑っていられるのかもしれない。

夢の中にある自分は、たとえ夢で笑っても、大方は自分のことを笑うまでで他人《ひと》を笑うことはない。ストレスが溜まっているからこそ見る夢でも、自虐的と思えるほどストレスは自分に向けられ、他人《ひと》を傷つけることはないのが私自身の体験であった。深層心理に疎いが故の勝手な推論であろうか。

だが夢ではない現実の世界では、私たちは愚鈍さによって、たとえ無意識のうちにでも笑いによって他人《ひと》を傷つけているかもしれない。つまり笑うことに麻痺し、他人《ひと》を傷つけることなど意識すらできなくなってしまう。そこに、笑いが狂気（凶器）と化すこわさがあるのである。

それにしても夢の中ではなく、現実の世界にあっての私たちは、一体どういう時に笑い、どういうことに対する笑いなら、心から楽しめるのだろうか。無論、それは人さまざまで、その反応のありようは違っている。

すでに本書でも見てきたように、落語や漫才といった寄席やヴォードヴィルの出しものに笑いを求める人もいるかもしれない。あるいは狂歌や川柳などの文芸もので、あるいは美術や音楽や漫画などの趣味を通じ、それぞれ笑い興じたく思う人もいるかもしれない。だが中には、ユーモアのように気取ったものは面白くもない、という人もいるだろう。もっと格好を付けずに、大らかに笑うことこそが、人の心を解放し、それ故に真の笑いになるのだと、言うかもしれない。

ただ私は、テレビの中でタレントやお笑い芸人たちが並び揃ってはマスゲームを演じるかのように、自ら、あるいはゲストが見せる奇異で、不自然で、下卑た表情や言動に一斉に笑い興じ、粗悪なギャグにでも大口を開けては両手を広げて手を叩くような大仰な笑いにだけは同調できない。こうした笑いは、笑わせる側も、それに応えて笑う側も、言ってみれば「やらせの笑い」を一丸となって演出する。それは私個人の好みの問題ではあるものの、こうした「やらせの笑い」を軸とする同じような趣向の番組が各テレビ局で出揃ったかのように放映されているのは、どういうことなのであろうか。しかもこのような「やらせの笑い」をクローズアップする番組では、往々にして出演者同士が、あるいはその中の誰かを標的にして笑いの対象とする。その「やらせの笑い」を視聴者もまた共有する。

思えばかつて全国の視聴者を魅了し尽くしたお笑い番組に、ドリフの「8時だヨ!全員集合」があった。そうした番組の中のギャグに実は私自身、笑い興じた記憶がある。当初は、毎週放映されるのを楽しみに、番組開始の時を待ったものである。

だが、やがて番組ではその中に一つのコーナーとして教室における授業場面を設け、往々にして特定された一生徒を絶えず笑い者にし、のけ者にすることで笑いをとっていった。だが勘繰れば、こうした笑いが実は、今では当たり前になってしまった教室での陰湿なイジメやシカト行為を助長し、視聴者もまた、そのことに対し無意識のうちに洗脳されていったのではあるまいか。

番組自体は、ドリフターズの各メンバーの人柄により、終局的には後味の悪いものとしては残らない。だが、「他人《ひと》をいじめて笑うのも、アリ」、といった意識や行為を、ことに無邪気な子供心に根付かせたことはなかったのであろうか。テレビの感化力の凄さを思い知れば知るほど、事の重大さを憂うるのである。

かつて社会評論家・大宅壮一は、日本人のテレビ熱を評し、「テレビによる日本人の総白痴化」と言ったことがあった。残念なことに、氏の洞察力が時代を越えて今も生き続けているのであろうか。それともこのことに対し過去何十年もの間、メディアの姿勢が変化して来なかったのであろうか。それは、テレビ局の番組編成が、いつになっても視聴率におもねり、笑いの質について考えようともしなかったからではなかったのか。

無論、イジメは以前からあった、という人もあろう。確かにガキ大将のような親分格の生徒が、その子分を引き連れては周囲に睨みを利かせ、弱い子をからかったり、挙句の果てにはその子の帽子やカバンを奪い取っては隠したりするなどの悪さを働いた。そんなケースは確かに以前からあった。だがガキ大将格の子の大方は「不良」とみられ、弱い子に対する味方の方がむしろより多くあった。少なくとも今のようにいじめられた側の子が誰の助けも得られずに、死の道を選ぶなどということは滅多になかった。

無神経で悪質な笑いがいじめのすべての原因とは限らない。だが、せめて悪夢であって欲しいと願うような度を過ぎた笑いを、私たちは甘んじて受け容れていて良いのであろうか。甘んじて受けているその態度こそが、かつて大宅壮一をして、世のありようを嘆かせたのではなかったか。

しかも番組に乗じて、民放で流すコマーシャルについても、昨今は余りにも度が過ぎたえげつない広告が氾濫するようになった。笑いを取って視聴者の関心を煽ろうとするのであろうか、見るに堪えない奇妙な顔をクローズアップしては、目玉を精一杯開き、大声でわめき、挙句の果てには内容すらも聞くに堪えない露骨なアピールをしようとする。まるで喧噪の中のコマーシャルである。単刀直入に分かりやすくすると言えば聞こえはよいが、今少し節度ある、慎みあるものを望みたい。あの「カステラ一番、電話は二番」のように、できれば知的なユーモアによって人の心を惹くようなおしゃれなコマーシャルを見たいものである。テレビの影響力が大きければ大きいだけに、私たちは今一度、笑いの質についても考える必要に迫られているのではなかろうか。

第八章　ユーモアは国境を越えて

ユーモアのセンスに国境はないといっても、その表現、つまり言い回しについてはどことなくお国柄が表われることもある。例えば本文でもしばしば引き合いに出してきたカンドー神父の万年筆談義には、フランス人好みの軽妙な知性、つまりエスプリが効いている。

一方、その万年筆談義と同じように命の大切さを逆手《さかて》にとって笑わせたアメリカ人好みのジョークがある。例えばジャック・ベニーは新聞のコラムで、いくつかの洒脱な笑い話を披露した。その中の一話である。彼は言う。

ある日強盗が押し入り、ピストルを突き付けてその家主を脅す。「金を出せ。さもなきゃお前の命はないからな！」

だがピストルを突き付けられた男は微動一つせず、何の反応もしない。おそらくは恐怖と緊張におののき、硬直して口もきけないのだろうと、話を聞く人々はその事態を想定する。犯人は、相手が何の反応もしないことに苛立ち、声荒らげて迫ってくる。「ぐずぐずするな。早く金を出せ！　さあ、金か命か、どっちなんだ！」これまたいかにも推定される事態である。するとピストルを突き付けられた男が言った。「まあ、待て！落ち着けよ。今どっちにするか考えているんだから！」というのがこのギャグのオチであった。

同じ命をテーマとするにしても、カンドー神父のしゃれた万年筆談義よりも、もっと直截的な話の切り口である。現実からすれば、金と命の損得を秤に掛けるなどは論外であって、結論は決まっている。だが、自分を被害者に置き換えれば、命も大事だが、誰しもがその本心では、あわよくば金も渡したくないとどこかで思っている。その裏にある心理を読めば、被害者と犯人との立ち位置に逆転の発想が生まれ、その発想こそが笑いを誘うのである。

「命」の危機に晒されながら、金と命の選択肢を考える。現実的には、その答弁は時間稼ぎでもあるし、あるいはもっと現実的になれば、本当に手元に「金」が無かったらどうしようと思うかもしれない。だがそういった現実性を考えれば、もうそこからは笑いは生まれない。つまりジャック・ベニーの話は、非現実的だから面白くもなるのである。

ジャック・ベニーは、往年のスター、ボブ・ホープと同じく人気を誇るコメディアンで、俳優としても活躍した二〇世紀のアメリカ芸能界きっての知恵者でもあった。その笑い話は、ごく当たり前のことを当たり前でなくする逆転発想にあったことであろう。

　こうした直截的で、かつ非現実的な笑いを好むアメリカでは、案外日本的なジョークとも共通した要素があるように思えるのである。例えば、本書第二章に挙げた落語では、タクシーの乗客が「雷が鳴っているのに、金なんか出せるかよ」といった、どう見てもチグハグとしか思えない非現実性に、得も言えぬ近似性を見るのは、私の独りよがりであろうか。

　言葉の遊びとしても、日本の駄洒落に似たジョークがアメリカでも通用するのを知ったのは、一九七三年、私が一人旅で北米大陸一周を試みた時のことであった。四〇日間にわたる長旅で、多くの宿がホテルや修道院・ＹＷＣＡなど会館施設であったのに、ただ一度だけ友人宅に三、四日寄宿させてもらったことがある。私にとっては長年住み慣れた古巣、ワシントンＤＣでのことであった。

　何となく我が家に帰ったような気楽さも手伝ってか、私は道中着用したものを連日のように洗濯した。友人とは言え、他人《ひと》の家での身勝手さを詫びると、友人ジュディは言った。「だからこの町はWashing-town っていうの」。世話になった負い目に後ろめたさを感ずる中、ジュディの一言は心解《ほぐ》れる駄洒落であった。そういえば、ジュディはアメリカ東南部のノースカロライナの出身で、アメリカ旧南部が誇る伝統的な南部ホスピタリティの継承者でもあった。ユーモアのセンスは、そういった出身地の文化的背景をも自ずと反映するものかもしれない。

考えてみると、こうした日常生活の中で私がごく自然にユーモアのセンスに触れていくようになったのは、家庭環境の他に、私が学んだ大学の学長エリザベス・ブリットに出会ったことにあったかもしれない。ニューヨークに生まれ育った生粋のニューヨーカーであったマザー・ブリットは、いかにもアメリカ東部特有の知的エリート層がもつ知性と感性に溢れるユーモアに長けていた。当時の学生たちは、その卓越したユーモアのセンスが、マザーの豊かな情感と知性に磨かれ表現されていたことを、今もなお鮮明に覚えているに違いない。構えたところがないせいか、そのユーモアのセンスにはどことなく大らかで心和むものがあった。そしてそこからは、一種の温かみさえ感じられることがままあった。

マザー・ブリット語録とも言われる彼女の発言の数々は、同窓会関係の冊子などにも多く収められているが、学長と直接接する機会の多かった黎明期の学生たちは無論のこと、人々はブリットのユーモアに包まれた言葉の中に、彼女が惜しみなく投じた「人としての生きる道」を教わったと思っている。無論、その強烈な個性ゆえに、ブリットには付いていけないとする学生があったのも事実であった。だがあの終戦後の激動期に、新制女子大学での教育に誠心の熱意を注いだブリットの精神は、不思議なほど人々の心の中に生きているのもまた、確かであった。

マザー・ブリットは一九四八年、すでに教育者として数々の経歴を経たのち、新制大学の初代学長に就任した。以後、二〇年近くに及んで多くの卒業生を送り出し、一九六七年に退任する。その退任を記念して全学生が集う中、彼らを代表して学生会会長が惜別の辞を贈った。流暢な英語で別れの言葉を読み上げるうち、思わず感極まったのであろうか、彼女はふいに声を詰まらせて言葉を失った。しばらくしても涙の止まらぬ学生に、マザー・ブリットは壇上からそっと声をかけた。"May I read it for you?"(「代りに私が読みましょうか」)

会場の重い停滞した空気が俄に和らぎ、今までの静けさとは打って変わって一転したかのような笑いの渦が会場を包んだ。この一言《ひとこと》で最も心解《ほぐ》れたのは、言うまでもなく「惜別の辞」を読む当人であったろう。だが同時にそれは、会場に居合わせた全ての人にとっても思いがけない救いであり、しかも得も言えぬ温かな雰囲気を皆が共有したのであった。

それはいかにもニューヨーク気質《かたぎ》のマザーならではのユーモアであったが、同時にそれは、咄嗟に窮状を救う機転から生じた爽やかにして、暖かなジョークでもあった。思えばこのユーモアが、マザー・ブリット在任中の最後のジョークとなった。

一方、話転じて、世界で一番洒落好みな国民はイギリス人だという人もいる。現にユーモアに関して見てきた辞典の中にも、ユーモアは「近世のイギリス文学の重要な特質の一つ」だと謳ったものもあった。

たしかに一七世紀の文豪ウィリアム・シェイクスピアにしても、近代社会の世情を筆にした作家チャールズ・ディケンズにしても、あるいは推理小説では二〇世紀の鬼才と謳われたアガサ・クリスティーにしても、それぞれのユーモア感覚を織り込んだストーリーの展開によって読む人の心を魅了した。だが考えてみると、そこにあるユーモアには巧みな発想の他に、英語ならではの言葉の綾によるレトリックが効果をあげているように思えることもある。

例えば数多くあるシェイクスピア語録の中には「過去は序章に過ぎない」（"What's past is prologue." *Tempest*）といった如何にも曰くありげな表現から、「世の中には髪の毛の本数ほどもウイットのない人が沢山いる」（"There's many a man has more hair than wit." *The Comedy of Errors*）とか、「お願いだから僕のことを好きにならないで。僕は酒の上での誓いよりももっと嘘つきなんだ。ところで僕は君のことは好きじゃないからね」（"I pray you, do not fall in love with me, for I am falser than vows made in wine. Besides, I do not like you." *As You Like It*）といった言葉を操りながら、度肝を抜くような表現で笑いを誘うものもある。

しかし、世紀の文豪の例を引くまでもなく、前々章で挙げたイギリスの大衆テレビドラマにでさえ、今風の短い日常会話が、言葉の綾をふんだんに使いながらやり取りされている。例えば『オックスフォード・ミステリー　警部ルイス』では、叩き上げだが老練で経験豊かな警部ルイスと、若いオックスフォード卒のエリート刑事ハサウェイの間で、しばしば互いを揶揄《からか》い合うような軽いジョークが飛び交っている。生憎、字幕では内容が重視されて言葉の綾は隠されてしまうが、表情から伺えるような軽快なやり取りがなされている。

その若手刑事が、ある日、仮装パーティーでの殺人事件を追って、仮面グッズの店に立ち寄った。店のオーナーは、買い物客と思って売れ筋のナポレオンの仮面を紹介する。だが、仮面が即座には見つからない。焦った店主は「ナポレオンは何処だ？　何処に行ったんだ？」と探し回る。すると若い刑事がさり気なく言った。「セント・ヘレナにでも居るんじゃない？」。

このセリフを陳腐な言い回しと取るか、軽妙な洒落と取るかは人さまざまであろう。ただ瞬時に吐かれた短い言葉であっても、『ヴェラ』の中で呟かれた「地獄」と、『警部ルイス』の中で茶化された「セント・ヘレナ」とでは明暗を分ける違いがある。その違いの中に、片やブラックユーモアの怖さが潜み、片やウイットとして、鋭い感性と軽妙な知性が漂うのである。脚本家の冥利に尽きるところであろう。

だが『ヴェラ』の「地獄」の中に潜むようなブラックユーモアの類《たぐい》であれば、実はそれは悪態をつくといった程度のもので、イギリスの小説やドラマには随所に出現する。例えば、アガサ・クリスティーの原作を元にしたテレビドラマ・シリーズ『名探偵ポアロ』でも、第一次世界大戦に参戦し負傷兵となって帰還したヘイスティングス大尉が、同じく前線にいたという元看護師の女性と出会うシーンがある。

彼女が、前線と言っても薬剤部勤務だったと言うと、ヘイスティングスは初対面でありながらすかさず訊く。「一体、何人に毒を盛ったの？」（“How many people did you poison?”）。すると女性は即座に答え、「何百人も」（“A hundred”）と言う。

この場合、英語ならば“a hundred”の代わりに、“a thousand”と言う表現もあり得たであろう。だが野戦病院での患者の数にしては、“a thousand”では何となく大仰で、響きも悪い。頃合いの数、“a hundred”の方が言葉としては遥かに落ち着いて聞こえるのである。だが、アガサ・クリスティーがこのような愚見を聞いたら、何と言うであろう。そんな細かいことはどうでもいい、と言うかもしれない。ならば、細かい事に執着するポアロにでも聞いてはどうだろうか。

いずれにせよ、何気ない顔で交わすその軽妙な会話のやり取りは、設定された登場人物の生活環境にもよるが、ブラックユーモアと言うよりも、むしろイギリスユーモアの中に潜む独特な皮肉を込めたセリフの側面だと捉えた方が正確かもしれない。とはいえ、人権問題に敏感であれば、眉を顰める人もいるかもしれない。

作家に限らず、イギリス人皆がユーモアを解する国民かどうかは、私には分からない。だがそうしたイギリス人気質には思い当たる具体例が私にもあった。一概には言えないとしても、その例から察するに、イギリス人のユーモアにはどことなく知性を漂わせながらも、痛烈な皮肉が込められていることがままあった。

私が体験したことの一つは、大学四年で卒業論文を書いていた時の話である。指導教授（メンター）マーガレット・ソーントンは、後で聞けばロンドン大学出身の将来を嘱望された学者であったが、私たちにとっては修道女でもあり、Dean（学務部長）でもあった。多忙な身の彼女と頻繁に連絡をとることは容易ではなかったが、それでも卒論に関する質問であれば、大方は要旨を手紙に記して学務部長室に託し、その返事を待つことになっていた。

ある日私は、幾項目かの質問のうち論文のテーマとなる主人公について、従来の分析方法を変え、心理面から考察したいと彼女の意見を問うたことがあった。すると、返事は“Yes!”と書かれてあった。だがその先に、“Only if you can spell it.”（もし綴りさえ間違えなければね）と付け加えてあった。改めて自分の質問状を見れば、こともあろうに、“psychological approach”と書くべきところ、冒頭の“p”の字を落としている。教師であれば、通常、誤字は赤字で糺すところを、彼女は皮肉を込めたユーモアで誤字の訂正を促したのであった。

その時から何年も経ってのことだが、今一つイギリス人のユーモアで思い出すことがある。かつて私が、国際大学女性連盟（旧称IFUW、国際NGO団体の一つ）の会長をしていた時のことであった。二〇〇四年にオーストラリア・パースで開催される国際大会の会場視察のため、その前年に私はパースを訪れることになっていた。

開催地での地元責任者は若手の会員であったが、当地会員にとっては先輩格で大御所ともなるドロシー・コリンズが、私を出迎えにパースの飛行場まで来てくれるという。ドロシーはオーストラリア人といっても、もともとの出自はイングランドで、如何にもイギリス人気質を持つことをプライドに掲げる女性であった。

そのドロシーから、出迎えのため飛行機の到着時間を教えるようにとの連絡があった。当時私は若さにかまけ、一人旅をすることを厭わなかったこともあり、わざわざ出迎えを頂くには及ばないと、出迎えを断った。だがドロシーはそれに応じることなく、私に迫った。

「パースの飛行場には、毎日、シャックリが出るほど国際便が離着陸する。もし到着の時間がわからなければ、私はシャックリが出る度に、飛行場に行って出迎えなきゃならない」と言うのである。

無論、彼女は親切で、心から出迎えたいと言い、「シャックリが出るほど」という表現もイギリスではありきたりの言い回しであるのかもしれない。だが、どことなく高飛車な彼女の物言いとも相まって、妙に印象に残る言い様であった。それでいて、「シャックリが出る度に飛行場まで迎えに行く」といった光景を想像すると何ともおかしく、思わず苦笑してしまうのである。

ドロシーについては、もう一つ別のエピソードがある。それはそのオーストラリアでの年次大会に出すプログラムについてであった。大会では、高度な専門討議や社会論議が中軸となるが、一方で若手の新入会員に向け今少し分かりやすく興味が持てるようなものとして、運営委員会が一つのプログラムを提案した。それは 連盟の活動についての説明や疑問を解明しようとするもので、“History of IFUW, Mystery of IFUW”というものであった。

理事会としては、団体の歴史や活動を説明し、その上でわかりにくいことについて率直に疑問をぶつけ合う場としては興味深いテーマだと、それをサポートした。だがドロシーは頑なに拒んで譲らなかった。こんな語呂合わせのような幼稚な題目を掲げれば会の品位が疑われる。ましてや招待客の中には、権威ある専門家の出席者も予定されていて、彼らの手前、「幼稚園ごっこ」はできないと言う。“No Micky Mouse!”と彼女は言った。

ドロシーらしい皮肉を込めた冗談と思えたが、理事会としては開催国の主張をできるだけ尊重し、改題することで事を収拾した。だが思えば、ドロシーの真剣さから見ると、そのミッキー論はもはやジョークやユーモアの域を越え真剣勝負をかけた喧嘩領域に入っていたのかもしれない。そこには、言葉のメタフォーとして偶々ユーモラスなミッキーが引き合いに出されたのであろう。それにしてもドロシーなりの皮肉は真に痛烈であった。

話の次元を少し変えてみるならば、まことしやかな事しか言わないと思われがちな国家の首長や政府高官によっても、思わぬユーモアが発せられることがある。中でも、アメリカの歴代大統領を巡っては、ユーモアに満ちたエピソードが数々伝えられている。それは、本人自身が口にしたものから他人が大統領を揶揄したものまで雑多だが、それだけ大統領という無二の存在に人々の関心が寄せられているからであろう。

かつて第四〇代大統領ロナルド・レーガンが、暗殺未遂の銃弾を受けて急遽病院に搬送されたことがあった。その際、人々の憂慮をよそに、ストレッチャー上のレーガンは付き添っていた看護師に、「もしかしてあなたも共和党？」と言って周辺を笑わせた。当時のメディアが一斉に報じたジョークであった。いかなる時にあっても心にゆとりがあってこそユーモアは生まれるということの一例になるのかもしれない。

一方、愛想のよさと饒舌でソフトな面を見せたワーレン・ハーディングと、商才と機転に長けたハーバート・フーヴァーといった両大統領に挟まれた第三〇代大統領のカルヴィン・クーリッジは、彼らとは対照的に、しかも歴代大統領の中でも最も寡黙で最も消極的なリーダーとして知られている。政治における彼の消極性とは、大統領として多くの拒否権を発動したことや、とかく現状維持をもって無難とする政治姿勢によるものとされている。

クーリッジの無口については、あくまでも彼の個性から来るものに過ぎないが、内面にある几帳面さと真面目さがより一層それを際立たせていた。彼を巡る揶揄は様々あるが、中でも最も秀逸と思われるのは、ある女性がホワイトハウスの晩餐会に招かれ、大統領と席を同じくしたという架空の話である。

無口な大統領に対し、社交的な女性は自らを紹介しながら、「ところで閣下、私は今日大統領にお目に掛かりましたら、三言《みこと》以上のお言葉を閣下から頂けるかどうか、友人と賭けをして参りましたの」と満面笑みでユーモアたっぷりに話しかけた。すると、大統領はたった二言《ふたこと》、“You lose.”（「あなたの負け」）としか言わなかったという。如何にもアメリカ人好みのユーモアであった。かつて私が一九二〇年代のアメリカ社会を研究テーマとしていた頃、たまたま出合ったジョークに依拠する話である。

一方、晩年になって批判も多かった第三七代リチャード・ニクソン大統領に対しては、ジョークもまた辛辣で手厳しい。ニクソン大統領がウォーターゲート事件のスキャンダルに四苦八苦する中、ホワイトハウスの前を通る人々は、「えッ、ニクソンって、まだここにいたの？」とか、ヴァージニアの風光明媚な観光名所グレートフォールズに掛かる橋が嵐で崩壊されたまま放置されていると、「今ニクソンはウォーターゲート事件で忙しくてネ、橋なんか直している暇なんかないんだ」とアメリカ国民としては自虐的なギャグが街中に横行していた。ギャグ自体はニクソン批判というよりも、ニクソンへの他愛もない悪口に過ぎないが、そのギャグは言わずもがなニクソンの人気度低下を物語っていたのは確かであった。偶々その年一九七三年に、訪問先のワシントンＤＣで、友人から聞いた話である。

一国の大統領でなくとも、各国の政府高官の中にさえ、見事なユーモアを交えて深刻な課題を皮肉交じりに話すのを聞いたことがある。それは国連総会の主要第三委員会で、中華人民共和国の国連代表が述べた話であった。偶々私自身が毎年秋に開かれる国連総会に日本政府代表団に民間人として加わっていた席上でのことであった。一九九二年から九三年のことである。

　当時中国は、ダライ・ラマの影響が強いチベットで、様々な行動規制や思想統制が行われていると、欧米各国から烈しい非難を浴びていた頃であった。この事情に関連し、イギリスはEU一〇か国を代表して発言し、その中国の姿勢を「チベットを含む中国で行われている人権侵害」だとして強く非難した。

　これに対し中国は、抗議のための答弁権を行使し、強く反駁する。曰く、「チベットを含む中国とは何事か。それは正当なロジックを踏みにじっての発言ではないか。あなたたちは、例えばスコットランドを含むイギリスと言うか？　ウエールズを含むイングランドと言うか？　心臓《ハート》を含む体《ボディ》と言うか。チベットは我々中国にとっては不可分であり、したがってチベットにおける問題を討議するのは、まさしく内政干渉ではないか」と雄弁に講じたのであった。

　深刻な話題にも関わらず、場内は苦笑からやがて爆笑となって笑いの渦に包まれ、英国代表の渋面をよそに、中国代表のまことに弁の立つ発言を聞いた。答弁権に与えられた三分間の時間制限を遥かに上回るこの弁論に対し、ついに議長はタイムリミットを遵守するようにと忠言した。だが中国代表は意に介すことなくさらに続け、「我々の発言は通訳を介しての発言で時間を費やしている。むしろ我々には、二倍の持ち時間があってこそ割りが合うのではないか」と言った。たとえそれが詭弁であろうとも、ユーモアによってまずは交渉の巧みさを引き出すという、正にユーモアに託した外交術を披瀝した一例であったろう。ちなみに私が知る限り、彼は流暢な英語を話す語学の達人であった。

こうしたお国柄が滲むとも思われる各国でのユーモアは、大方は言葉を介すことによって生まれてくる。だが時に、ユーモアは言葉の綾によってではなく、単なる偶然で私たちが笑いと遭遇することもある。それは、まだ私が二〇歳代《はたち》で、アメリカにいた時のことだった。母と二人、用事があって訪ねるべき建物を探しながら街の交差点に立っていた。今のようにスマホもグーグルマップもなく、ただ地図と人づての説明を頼りに、手探りのままいささか不安な思いで道を探っていた。

そこで、これは他人《ひと》に聞いてしまうに如《し》くはないと、信号待ちで隣に立つ男性に道を尋ねた。サラリーマンのお昼時の外出時でもあったのだろうか。カジュアルな服装で、いかにも気のよさそうなその青年は、要領よく行く道を教えてくれた。

ほっとして感謝の意を表わすと、青年は、何やら面白げに冗談を飛ばしたらしく、大声で笑った。おそらくは道に迷った時の話に関連しているようだった。だが、生憎ひどい南部訛りで、私には彼が言っていることが分からなかった。さりとて信号待ちの短い時間、問い質すこともないと、私は雰囲気に合わせて知ったかぶりをして一緒に笑った。そこで彼もまた自分の言ったジョークが大受けしたのかと思い、改めて愉快そうに笑う。すると傍《かたわ》らにいた母が、二人の笑いからよほど面白い話に違いないと思ったのだろう。「エッ、なんて言ったの?」と訊いた。

即答を迫られた私はただ一言、「わからない」と言った。どんなに面白い話かと期待していたのであろう。母は拍子抜けしたかのように、「な~んだ」と言わんばかりに思わず噴き出した。すると青年は、自分の言った冗談が母にも受けたものと勘違いし、又もや爆笑して、"See!" ほらね。可笑しいだろう、と言ってはまたもや笑った。そこで私たち親子もまた笑い、三人それぞれが食い違いながらも、思い思いの気持ちに駆られて、爆笑したのであった。

後から思えば、その青年には私の不誠実さを陳謝するばかりだが、臨機応変、短い信号待ちの時間で、彼の言った冗談を何度も問い返すよりは、三人三様、それぞれの笑いで皆が楽しんだと思えば罪のない対応であったと思っている。つまり、これは言葉にはよらないジョーク、すなわちタイミングと雰囲気が作り出した一つのジョークであったと自己満足に浸っている。我田引水の屁理屈であろうか。とはいえ、ここでは言葉の響きによる聴覚としての感性は無く、同じ感でも、勘違いによるカン、つまりはトンチンカンのカンである。

そう言えば私たちがこのアメリカ、つまりはワシントンＤＣにいた頃に、極め付きのジョークを飛ばしたのは、母であった。それは今、思い出しても笑ってしまう。

ワシントンDCからはその南西部に当たるウェスト・ヴァージニア州には、多くの南北戦争時の史跡や風光明媚な観光スポットが点在する。その一つ、ハーパーズ・フェリー（Harper's Ferry）を私たちが訪れた時のことであった。

もともとウェスト・ヴァージニアは、南北戦争をきっかけにヴァージニア州から分離独立した新州で、伝統あるヴァージニア州とは異なり、どことなく未開拓な要素があってより自由な気運を持つ土地柄であった。それでいてウェスト・ヴァージニアにあるハーパーズ・フェリーは、三方を高台で囲まれていたため防御には乏しいと言われながら、陸地からは孤立して見える独特な地形にあった。そのためか連邦軍ひいてはヴァージニアにとって重要地点となる武器庫の所在地となっていた。

この特異な地形を造り出しているのは、台地を挟む大河シェナンドー川とポトマック川であり、そのため小高く競り上がったかのように見える台地は、岬というよりも、むしろ本土から見れば島のように孤立した形状を成していたのであった。事実、馬や車が行き来できるように橋が架けられている状況では、橋で繋がれた本土と島だという感があった。

私たちがそこを訪れたのは五月末、すでにこの地方では夏の気配すら漂う好天気の日であった。橋を渡って間もなく、私たちが車を置いて坂道を上れば、その道添いには多くの店が並んでいる。だがその店のいずれにも人影はなく、ただ時が止まったかのように、帽子屋・洋服屋・靴屋などの店々が、恰も客への対応を仕事半ばで投げ出し、そのまま姿を消しているかに見えた。街は文字通り空洞と化しているのである。それもそのはず、その町は別名ゴーストタウンとも呼ばれ、突然の襲撃を受けて混乱に陥った町の様相をそのまま歴史に留めるべく、重要な史跡として保存されている。いわば「町ぐるみの博物館」でもあった。

日常生活を物語るようなこれら店々が仕事半ばで放り出されているのは、実は、南北戦争勃発前となる一八五九年、北部の熱血漢として知られた奴隷解放論者ジョン・ブラウンが一族郎党を引き連れ、南部にある連邦軍の武器庫を占拠しようと、ここハーパーズ・フェリーを奇襲攻撃したからであった。

やがてこれらの店が立ち並ぶ坂道を、上に上にと登って丘の上にまで達すると、その頂上には教会があり、正に激戦地さながらの様相を留めている。地面には崩れ落ちた壁や窓が瓦礫となって散乱し、見るからに痛ましい。こうした惨状には、多少の演出はあろうとも、町そのものが悲劇の現場を留める生きた博物館となっているのである。

この「博物館」に多少の演出があろうかと記したのは、それなりの理由があるからである。というのも、その坂道を逆に下って岬の突端に進めば、切り立った岬の崖淵にと出る。そこには風雨に晒された岩壁がそそり立ち、かつては荷運びに利用したとみられる錆びた鉄道レールの残骸が横たわる。思いなしか、そこに生えるぺんぺん草さえもがいかにも廃墟の感を醸し出していた。

このそそり立つ岩の眼前には豊かな水量を湛えた河川が走り、かつて渡し船が荷運びする上で欠かせなかったに違いない「ハーパーの渡し船」(Harper's Ferry) の様相が見えて来る。だが、ふとその岩壁を仰ぎ見れば、思わぬドラマが演出されていた。それはコケ生えた岩の上に、コカ・コーラの文字が風雨に晒されて、あたかも年月を刻むかのように滲んで見えるのである。コカ・コーラが世に出るようになったのは一八八六年。してみると、南北戦争戦前ともなるその頃にはまだコカコーラは無く、いわば三〇年近くも先取りしての広告だったことになる。そこに見事な演出が見られるのであった。

見どころの多いこの町ぐるみの「博物館」の坂を再び丘に登り、教会堂前に広がる野原に出た。するとそこには、数えきれない程の真っ白い墓石が夕日に照らされて並んでいる。史実と演出に圧倒されながら、私たちが言葉もなくその広場に立つ墓石を眺めていると、同行していた父の友人が、如何にも感慨深そうに言った。

「もしかして、渡し舟のハーパーさんもここに眠っているのですかねェ」。

この問いめいたセリフに、誰しもが答えようもないと思っていた矢先、思いがけずも即応したのは母であった。"Perhaps!"(パーハップス「多分ね!」)。その言葉に、急に緊張が解れたかのように皆、爆笑し、父の友人は言った。「奥さんは、英語で洒落を言うもんねェ！」。

歴史の重圧感を押しのけるかのようにして言った母の駄じゃれに、皆思わずほっとしたかのように心解《こころほぐ》され、その気持ちの中に旅の楽しさが蘇ってきた。あれから一体、幾年が過ぎたであろう。思えば一つの笑いが旅の思い出を彩り、その笑いによって、後日、その時に見た周辺の情景や様相までをも活き活きと甦らせてくれるのである。もしあの時、母のジョークが無かったら、きっとハーパーズ・フェリーの思い出も、これほど鮮やかなものとして残ってはいなかったかもしれない。

第九章　雑記——家族で笑う、母との対話、老いても笑えるか

家族といっても、私には子どもがない。父母が逝ってからは、近くに八歳年上の兄夫婦が住むが、基本的には一人で寝食、家事を賄い、日々を暮らしている。時には御用聞きを含めて誰とも話すことなく一日を終えることもある。気楽と言えば気楽。寂しいと言えば寂しい時もあるが、大勢でいたとて寂しいことはある。幸いにして、今のところ訪ねてきてくれる人も多く、それなりに日々喜びもある。

そうした毎日を送る私に、以前から独立して生活し、今や六〇を過ぎる甥がいる。何時《いつ》ごろからだろうか、その甥が、安否確認のための電話を私にくれるようになった。毎朝掛かる電話では、「元気?」「元気よ。あなたは?」「元気だよ」「じゃーね」「ジャーネ」で終わることもある。

その甥が、まだ幼稚園入園前の年端もいかぬ頃、我が家に随分と笑いをもたらしてくれたものであった。多くはごく自然に、無意識に発した言葉で、幼い本人からすれば何の意図もなかった。だがその無邪気さに、なおのこと笑ってしまうのであった。

ある日のこと、古い食器戸棚を処分しようとやおら持ち上げようとしたその瞬間、傍にいた甥が突如「お達者で〜」と声をかけた。余りにもそのタイミングが良かったので、私の方が拍子抜けし、持ち上げかけた食器棚を思わず下に降ろしてしまった。一体、どこでそんな言葉を覚えてきたのだろう。「お達者で」などという表現は、我が家では余り聞かない言葉であったので、おそらくはテレビででも覚えたに違いなかった。

その年頃にあった子どもとしてはご多聞に漏れず、甥もまた車や列車のようなロコモーティヴスの熱狂的ファンであった。車であれば、たとえそれが消防車であれトラックであれ、その形態や色や年式に至るまで、よくぞ覚えたと感心するほど諳《そら》んじていた。列車に関しても同様で、まるで甥を通し生きた図鑑を見るようだった。当時JRが、まだ国鉄としてあった頃のことである。

ある日、大人たちの意地悪さで、国鉄に夢中になる甥に対し、国鉄で働くことの大変さを伝えた。お勤めには朝早く起きていかなければならないこと、広いホームを隅々まで綺麗に掃除しなければならないこと、寒い日でも改札口に立って切符に鋏を入れなければならないことなど、嘘でないにせよ、その任務の大変さを話した。静かに聞いていた甥は、思いなしか真剣な顔つきであった。

翌日、甥は私のところにやってきて言った。如何にも考え抜いたような口ぶりであった。「僕、国鉄止めるかもしれない」。思わず私が、「えーッ！ じゃー、どうするの？」と聞くと、甥は淡々と言う。「私鉄にするかもしれない」。

何とも言えぬ真剣さ、その純粋さに、甥には気の毒だったが笑いが止まらなかった。成人してからの甥は、鉄道に勤務することはなかったものの、クラブ活動では鉄研に属し、卒業後もその筋の出版社に一文を寄稿することもあった。「撮り鉄」ほどではないにせよ、三つ子の魂何とやらで、鉄道マニアに変わりはなかった。

父にとり、この甥は初孫ではあったが、「孫というのは百パーセント無条件で可愛い」と言ったことがある。よく庭で父は甥と一緒に遊び、川釣りにも連れていったりした。やがて年老いての父は気難しくはなっていったが、それでも孫を見れば相好を崩し、正に好々爺であった。

父が軽い脳梗塞から認知症を発症するようになったのは八三歳になった時であった。外出先の階段で転んで頭を打った事も一因であったのだろうか。医師から直接に「脳軟化症」だと病名を告げられると、「これだけはかかりたくなかったのに」と言った父の言葉が忘れられない。

肋膜などを患って長い闘病生活を送った経験などがありながら、おそらくはその時が、父にとって人生最大の残酷な告知を受けた時であったかもしれない。

結局五年間、闘病生活に就き、最後は病院でお世話になることになった。寂しかったに違いないその病院で、私が見舞いに行くと、いつも満面笑みを湛えて顔をほころばせた。幸い、認知症といっても決して家族や人の顔を忘れることがなかったのがせめてもの慰めであった。

まだ入院には至らず自宅で静養していた頃、どうしても聞いてほしい話があると言う。それは晩年いつも心に懸け、原稿にもしたことのある北方領土についてであった。北方領土への思いは、まだ父が元気であった頃、私の車で父母と共に北海道を一周したことがあったが、それによりなお一層募っていったようであった。

夜の一二時をも過ぎた頃、父は私と二人きりで対坐して北方領土の歴史的経緯や領土に馳せる想いを一時間半にわたり、淀みなく滔々と語った。明かりを落とし、余計な雑念をも排除してのことであったからか、淡々と、しかも理路整然と話す父の語り口には、どう見ても病を患っている人とは思えなかった。話を終え、父は「ありがとう」と言った。「病気で、もう誰とも北方領土について語ることはできない」と寂しそうに言う。その夜を最後に、父が北方領土のホの字も口にすることはなかった。

その後、病院でメモ書きのようなものを渡し、私に「いいね」と言った。かつては詩やエッセイや短歌を詠み、せっせと日記や手紙も書いていた人が、豆粒のような字で「ママをよろしく。兄妹仲良く半分ずつ」と書いてあった。おそらくは、それが父の遺言状であったかもしれない。父に対しては不満や意見の衝突もあり、決して親孝行な娘ではなかった。だが、その不満を越え、いつも病室で見せたあの笑顔は、やはり生前笑うことに否定的ではなかった父の象徴であったのかもしれない。享年八八歳であった。

かつては詩歌の道を歩み韻文の情に駆られた父に対し、母はどちらかと言えば理性派タイプであったかもしれない。妙な理屈を捏ねる人ではなかったが、まずは物事の理《ことわり》を考えて納得することが多かった。古い諺や言い習わしなども、「そんなの迷信よ」と言いながらも、その背景にあるものを母なりに分析しては故事を理解した。

例えば、私たちが子供ながらに聞き伝えられていることの一つは、爪を切る時、夜になって切ったり、出がけに切ったりすると親の死に目に会えないといった類《たぐい》のものであった。それは家庭で言い聞かされるというよりも、むしろ世間でよく言われていた一種の常識ごとであった。

それに対し母は、親の死に目に会えないなどといった話は迷信に決まっている。それでも昔の人はよく考え、行灯の暗い灯《あかり》で爪を切ったり、出がけに急いで爪を切ったりすると、ついつい深爪をしやすいので慎むように諭《さと》したに違いない。だから夜や出がけには爪は切らない方がよいと言った。もっとも今の時代では、爪切りを使うよりも、やすりで爪を整えることも多く、言い伝えは無用な忠告になっているのかもしれない。

どちらかと言えば理性の勝った母は、子どもを育てるにしてもどこか他人《ひと》とは違う育て方をしていたかもしれない。それはまだ私が幼かった頃、とはいっても戦後となる小学五、六年生になっていた頃だろうか。友達がドコドコに行くから自分も行きたい、友達がやっていることだから自分もしたい、アレが欲しいコレが欲しいと子ども心に我を通しては駄々をこねることもあった。だが、それはコレコレの理由でだめと言われて結局は思い叶わぬまま泣きじゃくる私に、時を置いてから母は側に来て、「ママの言っている理屈《こと》は間違っている？」と訊くのであった。

この手の攻めは子供にとっては所詮最初から勝ち目はなく、結局は大人の理屈に負けてしまう。無言でただただ泣きじゃくる私に、母は静かに言った。「よーく胸に手を当てて考えてごらん。あなたならきっと分かるから」。

きっと分かるからと言われても、欲しいものは欲しい、したいことはしたいのだという私の気持ちに変わりはなかった。それでいてどこかで母の言っていることには理があるとは思っている。こうした理詰めの説得法は、私が最も苦手とする母の攻め手ではあった。だが一方で母は、自分が何一つ悪いことをしていないのに叱責された時には堂々と意を通し、決して卑屈になるな、と説いたこともある。

躾《しつけ》という意味からは、今一つ思い出すことがある。それは戦後間もなくして、用事があって母が東京に出掛けることになった日のことだった。私を一人家で留守番をさせるよりは連れていった方が安全と判断したのであろう。そのくせ、「連れていってあげてもいいけど、あれが欲しい、これが欲しいとおねだりするのはナシよ」と母は条件をつけた。無論、留守番よりは一緒に「お出かけ」するのを最上の喜びとした私は、その提案を無条件で呑んだのであった。戦後とは言っても少しは世の中も落ち着き、安物ではあるものの、いくらかモノが豊かになってきた時代であった。

デパートを抜けて歩くうち、無論私は好奇心に駆られて、精一杯キョロキョロと周辺を見回していたに違いない。それでも私はおもちゃ売り場の前を通っても、足を止めたり、欲しそうに眺めたりすることはなかった。それは約束だからというわけでもなく、むしろ言いきかされていたことによって、欲しいからとおねだりするのは法外だと、どこかで思い込んでいたのである。後に母は、どんなにか欲しいものもあったろうに、何一つねだらなかった娘が不憫だったと言った。

それなりに賞賛してくれたのであろう。だが、もし逆に私が少しでもねだっていたら、きっと母は「お約束はお約束。約束の守れない子は嫌いよ」と手厳しく言っていたに違いない。親心とはまことに複雑なものである。

一方で母は、父の海外赴任に伴い学童期や幼児期の子どもを連れてアメリカで暮らし、アメリカ人の母親たちが子どもに対し厳《きび》しく躾けるのを目《ま》の辺りにした。その中で、妙に共感を覚えては、なるほどと納得したものはさっさと取り入れてもいった。例えば、親が子どもにモノを手渡すとき、決まって"thank you"と言って渡そうとする。だが子どもが自分で"thank you"という言葉を口にする迄は決してモノは渡さない。なるほどこれこそが教育なのだと実感したと言う。

それでいてそのアメリカで、必ずしも生真面目ではなかった母は、よく私をあやしながらも揶揄《からか》った。それは、私たちがアメリカはロサンジェルスにいた頃の話で、正に車社会アメリカならではのことであった。昼寝のため、幼児の私に添い寝をしてくれていた母は寝つきの悪い娘を横にして、ベッドを揺らしては言った。「あーあ、アクシデント。ママ死んじゃった!」。「そう言うと、もうすぐ泣き出すンだから、この子は」と、その後、私が大きくなってからも母はその時の話をし、私のことを揶揄って言った。よく言えば、それは母の遊び心が成した技であったかもしれない。だが、爾来、ふざけている時に揶揄《からか》われるのは、いつも私だと決まっていたのだった。

尤も希少な例外も時にはあった。それは大分時経ち母が七〇歳も過ぎた頃、医師から心筋梗塞の疑いがあると言われた時であった。暫くは医院に通うようにと言われ、私も母を車で送るため、母に同行した。心筋梗塞と診断されての母はさすがに不安気であったが、私が、「もしかして、それ、心筋梗塞じゃなくて、近親拘束じゃない？」と言ったら、母は哄笑し、憂いが吹き飛んだかのようであった。幸い病状が悪化することもなく事なきを得たからこそ、笑って済ませることであったのかもしれない。

母との会話では、笑うにも笑えない話もあった。戦争がたけなわとなった頃、だんだんと戦地に赴くための召集令状が各家に頻繁に届くようになり、町の床屋もまた、次々に召集されて閉業していった。そのため、どこの家庭でも同様であったが、ある日、母は私を庭に置いた椅子に座らせ、床屋代わりに私の髪を切った。

戦時中はいずれの学校でも、男の子ならばイガグリ坊主、女の子ならばオカッパ頭と相場が決まっていた。そのため散髪には技巧は不要で、差し詰めオカッパ頭ならば、見た目で左右を整えれば済むことであった。

だが床屋のように正面に大きな鏡もない戸外での散髪は、左右を整えることはそう簡単にはいかなかったのだろう。感性の強い母は、できるだけ左右を同じ長さに整えようと何度か左右に交互に挟みを入れ、その結果、左右の髪はどんどんと短くなっていった。まさにものごとに固執する「ミスター・ビーン」の世界であって、滑稽至極な情況と化したのであった。

とはいえ、いくらおかしくとも、髪を短くされ過ぎた当人にとっては笑うに笑えない悲劇に他ならなかった。鏡を見た私は大泣きに泣き、母もどうしてよいかわからなかったのであろう。号泣する私に、ついに母は「そんなに泣くんだったら、ママの髪を切って返してあげる」と言った。理を重んじる母にしては、あるまじき言いようではあったが、おそらく本音であったのだろう。この取り返しのつかぬ状況にあって、やっと諦めをつけなければならないことを悟った私は、当分は鏡を見ないことで日々を過ごしたものであった。

思えば母と同時代を生き、第二次大戦を経験した同世代人であれば、大方の人が戦中・戦後の非常時を生き抜いてきた体験を持つ。その中で、皆等しく辛苦を舐めたのはあの食糧難であったろう。時には農家で分けて貰う米や野菜の買い出しに行き、また多くは自分の庭の片隅に作った俄畑《にわか》で、さつま芋やジャガイモやカボチャなどを栽培した。家族のためにと僅かな食料を求めて奔走したのは、多くは家庭にあった女たちでもあった。それだけに彼らはタフに生きた体験を持っていたにちがいない。

我が家でも、病床にあった父に代わり、その多くの労をとったのは母であった。やがて回復期を迎えた父も畑作業には加わったが、誰が作ろうとも所詮は肥料もなく、砂地に育った俄ごしらえの作物は水っぽく味けなく、美味しいはずはなかった。時には口にできる雑草や木の葉を乾燥させては粉末にし、パン代わりに焼いては食卓に載せたこともあった。いくつかの「レシピ」は母の創意工夫ではあったが、それでも、「アカシアの葉だけは、ゴワゴワして食べられない、失敗、失敗」と母は言った。

そんなある日、母は乾燥させたカボチャの種を炒めては、スナック風にしておやつにした。「は～い、ボチャカン・パーティーですよ！」と母は皆に呼びかけた。「鳥でもあるまいしね」と呟く母が用意した「ボチャカン」は、それなりに新鮮味があったように覚えている。

後日、戦後三〇年も経過した頃であったろうか。世にはパティシエなる者も現れ、すでに洋菓子ブームの時代となっていた。ある日、私は洒落た器に収まったパンプキン・プディングを求め、帰宅した。すると見るなり母は、「まあ、カボチャも出世したものね」と言う。おそらくは、かつてあの水っぽいカボチャを口にした者にしか分からない表現であったろう。

母が私を対等な話し相手とし、二人で冗談を言い合うようになったのはいつ頃からであったろうか。おそらくは私が中学生か、あるいは高校に入ってからのことであったかもしれない。

ある日、母にとっては当時生存する唯一の妹、つまり私にとっては叔母となる人が「ひどいことを言うのよ」と、言いつけるかのように母は私に言った。曰く、「あなたの家っておかしいわね。一家四人の名前を繋げたら、ひさ（母）ゆう（兄）、れい（私）、出ろ（出郎《いずろう》が父のペンネーム）になるもンね」と言ったという。ユーモア好きな母としたことがそれまで気が付いていなかったのだろうか。内心は、妹ながら「やったね」と思っていたに違いなかった。だが、自分が幽霊にされたことが気に食わなかったのだろうか。「いやーね、あの人ったら」と呟くように言った。同情を求めた母の期待を裏切るように、大声で笑ったのは私であった。

その叔母は母より前に他界し、享年七七歳であった。八八の父よりも先に逝ったが、二人ともゾロ目で亡くなってしまった。ところが不思議なことに、その後三人の中でも最後に逝った母は九九歳であったので、三人揃って、ゾロ目で他界した。

母が亡くなった時、私はちょうどその年に還暦を迎えて六〇歳になっていた。これで残るゾロ目は六六歳しかない、急がなきゃ、と同僚に漏らしたことがあった。すると同僚は、「大丈夫。心配しなさんな。まだ百十一（一一一）もあるから」と言う。当時の私の年齢六〇からすれば、なんとそれはそのあと倍近くも生きなければならない、ということになる。

この年齢を巡る不思議な因縁について、序でのことながら付け足せば、私は母の年齢にとっては遅い歳の生まれで、母が三九歳の時に誕生した。それからまるまる六〇年経った年、還暦となる私を残し、母は九九歳で他界する。引き算すれば、紛れもなく三九歳という年の差が見えて来る。算数の苦手な私にもすぐ計算できるようにとの母の計らいであったのだろうか。

算数の苦手ということで、またまた思い出されることがある。それはまたもやアメリカにいた時の話だが、アメリカでは電話番号の数字の前に、その地区名を表すアルファベットが示されている。ダイヤル上では、世界共通で、2から9までの数字の下にＡＢＣ、ＤＥＦとアルファベットが三個もしくは四個ずつ並んでいる。それはスマホのキーパッドでも同じだが、アメリカの電話表記ではそこから各地区を意味する地域名の冒頭二文字をアルファベットで拾う。したがって、たとえ表記がアルファベットであったとしても、結局はそれと同じ箇所にある数字がダイヤルされていることに変わりない。

例えば、ワシントンDCで我が家に最初に割り当てられた電話番号は、アルファベットによる地区名がEmersonで、地区の局番は3であった。そのため、地区名の冒頭二文字をとって局番を加えるとEM 3となる。ダイヤル上のアルファベットに対応する数字はEが3、Mが6であるので、それに局番を加えれば、実際には【三六三】となるのである。その後に続く番号が九四九四であったので、全部を通して、三六三—九四九四というのが我が家の電話番号であった。

五〇年も経った今、何でその当時の電話番号をはっきりと覚えているかと言えば、それは私が日本語で当て字を思いついたからであった。つまり我が家は当時三人家族であったため、EM三—九四九四は、イマ サンニンデ クヨクヨと覚えたのである。すると、これを聞いた父の友人が、「縁起でもない。もっとめでたい数字を詠み込まなきゃ」と、これらの文字や数字を織り込んで優雅な和歌を詠んで下さった。だが生憎、三一文字と言葉が多すぎて結局は覚えられなかった。

引っ越しをしてからの第二、第三番目の電話番号は引っ越し先が同じ地区であったため、電話番号を引き継ぐことができ、いずれもFederal 7-7823、つまりFE七―七八二三であった。そこでこちらの方は、「平七つぁんは質屋の兄さん」と覚えることにした。この当て字を最も喜び、重宝してくれたのは母であった。

思えばこうした当て字は、かつて私たちの世代にとっては受験勉強でおなじみの「いやーロッパ（一八六八）君、明治だね」の類《たぐい》のものだが、今やエノケンを知る人があっても、同業のロッパを知る人がいなければ、無意味な「暗号」となってしまう。当て字もまた時に対しては逆らえず、恒久的な目安とはならない。しかも、そういった当て字は屁理屈もいいところであった。それでもなおユーモアが解され、語呂が良ければ、案外当て字は記憶を助ける便利で実用的なものではある。

屁理屈といえば、母は理屈を通す時に、屁理屈だけはダメよ、とよく言った。それでいて何故、屁理屈まがいのジョークやユーモアには積極的に興じられたのであろう。思えばそのユーモアに対する母の姿勢は亡くなるまで変わらなかった。

母は九五歳になるまで、それなりに日常生活を自宅で送っていた。だが、その年、ふとした弾みで倒れ、大腿部を骨折して手術迄受けることになった。退院後はリハビリがきつすぎて歩行を断念し、結局は二四時間の介護を自宅で受ける身となった。昼はリクライニングの椅子に、夜はベッドにと、その間だけを介添えを受けて移動する。その不自由な日常がどんなにかきつく、どんなにか辛く、どんなにか退屈なことであったか、自らが年老いた今、改めて心いたすところである。

母が床に就くようになった当時はまだ、介護保険制度が確立されていなかったため、ケア・マネージャーの制度もなく、介護の人はといえば、家政婦協会から斡旋して来て貰っていた。それでも在宅医療制度の方はスタートしたばかりとはいえ、入院していた病院から定期的に医師が診断に来てくれていた。

親切で豪快な医師に、母も信頼を置き、気持ちよく医師の手当を受けていた。するとある日、その医師が部屋に入るなりいきなり母に向かって言った。「いやー、羽仁五郎さんに似ていらっしゃいますねぇ」。

母はニコリともせず、返事一つしなかった。その理由は私にはわかっている。つまり年老いても内心ではお洒落な気分でありたい自分が、いやしくも男性に似ていると言われたのがまずはショックであったのだろう。しかも母の世代にとって羽仁五郎の母、つまり羽仁もと子は余りにも有名で偉大な存在であった。だがその養子となる羽仁五郎は、その年頃からいっても、母にとってはあくまでも若造としてしか認識されていなかった。母としては、どことなくプライドを傷つけられた思いであったのだろう。

医師は、母が聞こえなかったのではないかと思い、前よりも大きな声で「羽仁五郎さんに似ていらっしゃいますね」と、言葉を区切るようにして繰り返えして言った。すると母は、暗に聞こえていますよ、と言わんばかりではあったが、相好一つ崩すでもなく憮然とした面持ちで口を開いた。「その方は、よっぽど綺麗な方でいらっしゃいますか」。母の真意が医師に伝わっていたかどうかは不明だが、医師は「いやー、参った、参った」と言って豪快に笑った。

一方、入れ替わり立ち代わりして世話になっていた家政婦の方はそれぞれに個性があって、無論一様ではなかった。ある日、ノンビリ型の家政婦が現れ、挨拶するなり「お庭が綺麗ですね」と言い、暫くは庭を見ていて動かなかった。すると母は家政婦に向かい、「あなたは庭を見《み》に来たのではないでしょう。私を看《み》に来たのでしょう」と痛烈な皮肉を込めて言ったのであった。それは、何事であっても、職務に忠実であるべきだというのが母の信念でもあったからである。

やがて少しは慣れた人が比較的常駐してくれるようになり、母もそれなりに気を許して冗談すら言い合える仲になった。その家政婦の話では、ある日のこと、昼食を済ませた母が突然、「ご飯」と言ったという。ご飯がほしいと言ったわけではなかったが、「おばあちゃん、今ご飯食べたでしょう」と家政婦が言うと、母は「食べていない」と言う。家政婦は、ついに母が分からなくなってきたのではないかと心配し、「ほら、今食べたじゃない」と因果を含めるように言った。すると母は表情一つ変えずに、「ご飯、食べていない。食べたのは、うどん」と言った。母なりのお得意の冗談だったが、母にしてみれば、暇つぶしに、そして人恋しさに、誰かと話を交わしてみたかったのかもしれない。「うどん」と言った母は、そのまま知らん顔をして眠ってしまったと言う。

いつも何気ない冗談話を好んだ母が、後から思えば他界する前の年、つまり母が九八歳であったある日のこと、私と二人して言葉遊びに興じたことがあった。あくまでも暇潰しに過ぎないことではある。

それは、いつものように私が母の部屋に入っていくと、母が珍しく「どなた様?」と訊いたことから始まった。家政婦の「うどん」の話ではないが、大方の人が聞けば、母がついに娘の顔さえ覚えていない認知症に罹《かか》ったかと思うかもしれない。だが私には、母がふざけて言っていることがすぐに分かった。

そこで私も、母の旧姓を名乗ってその名を言うと、母は笑いもせずに「まあ、私と同じお名前!」と言う。「で、お住まいはどちら?」と重ねて母は訊く。「上野池之端」。「まあ、ご住所も同じ? じゃあ、学校はどちら?」とさらなる質問が続き、私は「忍岡小学校」と答えた。「ああら、これまた同じ! じゃあ、女学校は?」と、畳み込んで訊く。

「えエと、府立第一高女」。「じゃ、何回生?」。かつて同窓会の連絡事項で母の代筆をしたことがあり、その時たしか一七回生とか書いたような記憶がどこかにあった。回生も同じと知った母は、「またまた同じね」と答えてくれた。

さすがに二人ともいい加減草臥《くたび》れても来たので、そろそろ終わりかと思い、「それに、私にはとってもいい娘がおりますの」と私は言った。すると母は間髪入れずに、「あ～ら、そこだけが違いますのよね」と言う。「よく言うわ！」と思って私が大笑いをすると、母はまたもや寝たふりをして横を向いてしまった。

顧みれば母の人生は、私が知る限り、たとえ戦中・戦後の苦難に耐えることがあっても、どちらかと言えば新しいものにも果敢に挑戦し、それを極めようとする生き方であったのかもしれない。かつて娘時代には長唄や日本舞踊を習い、華道や茶道に精進して師範の資格を得るほどに迄至った「和」の世界を生きてきた人が、やがて父の赴任に伴って過ごすことになったシンガポールやロサンジェルス時代には、着慣れた和装から洋装にと転じて日常生活をこなし、その習慣は「便利だから」と、帰国してからも変わらなかった。

その上、アメリカの友人から習ったミシンを使っては、帰国後も私の子供服や自分のサマードレスをも仕立てるようになっていた。それは当時アメリカの家庭で使われていた足踏み式のシンガーミシンを持ち帰った成果ではあったが、まだ日本の家庭では手で回すミシンが主流で、ましてやサマードレスは勿論、アッパッパすら家庭で簡単に縫い上げる習慣など少ない時代であった。

その後、戦争を経て再びアメリカで生活するようになると、初歩的な域とはいえ、父に勧められてゴルフを覚え、コースにも通うようになった。さらには「日米婦人会」のクラブでブリッジをも楽しんでいる。一方、シンガーミシンの方は、最新型のジグザグ・ミシンを買って親子共々に挑んだが、母の方はこれに加えて帽子作りにも挑戦した。

帰国してからの晩年には、もともと絵心のあった母は七宝焼きを習うようになり、家庭用の電気釜をしつらえては、興味ある方々にも手ほどきをする程の熱心さであった。やがて一〇年以上も精進したであろうか、ある日、八〇歳を境にお釜も人に譲り、あれほど執念に駆られていた七宝焼きをぷっつりと止めてしまった。それは七宝作りに飽きたからではなく、年老いてから熱を扱う危険さへの用心からで、母らしき理に敵う決断であった。

多々極めながらも、決して飽くことなくそれぞれの道に向き合う真摯な姿勢は、母ならではのことであったのかもしれない。現に、年経てもなお時に応じ、かつて修めた茶道、華道、芸事をも愛で、熟《こな》していることもあった。

たとえ多芸といえるほど器用ではなかったとしても、母が多くのことに通じながら、それぞれ誠意をもって挑戦していったのは、あるいはかつて、府立第一高女が説いた革新と創造に挑む心意気が、年経てもなお母の胸中に去来してのことであったのだろうか。そして、それらから得た「多くの心の引き出し」が、あるいは母がユーモアを解す心のゆとりとなっていったのかもしれない。

　母三九歳にして生まれた私は、いつしか母が生き抜いた年にと近づいている。今のところ、かつて叔母が言ったように、母が幽霊となって現れたことはない。だが夢の中ではいつも母と談笑し、やがては目が覚める。何のことやら覚えていないが、別れてから三〇年という年月が流れるというのに、こうして父や母のことを思い出すのは、九〇にもなろうとする私が、いまだに成長していないからだろうか。

　思えば両親からは、笑うことの喜びだけではなく、人生を通じて知っておくべきことの数々を、多くは日々の何気ない生活を通して学んできたに違いない。それが何であったかは、ことさらここで列記するほどのこともない。だがあえて今でも思い出すのは、母がよく「昔の人はいいことを言ったものね。『己《おの》が己《おの》がのガ（我）を捨てて、お陰お陰のゲ（下）で暮らす』ですって」、と笑って言ったことである。

　そして父からは、「李下の冠、瓜田《かでん》の履《くつ》」。君子の故事にならい、李《すもも》の木の下で冠を正せば李《すもも》を盗むと疑われ、瓜《うり》の畑で靴を履き直せば瓜《うり》を盗んだと疑われる。疑われるようなことはするべきではない、と父から教わった。何故そんな話となったのかは記憶がない。それは何かを咎められてのことではなく、むしろ、世の常識として教わった気がする。おそらくは私が中学生であった頃だろうか。父に逆らうこともなく、父の話に敬意を表し受け止めた記憶がある。

それにしても、このように真面目な話でも、あるいは笑い興じた話でも、この先、年老いてもなお、そのことを噛みしめられる心の余裕が私には持てるであろうか。老いた両親を見ていると、むしろ老いの身の辛さを、身をもって教えてくれていた気がする。「この歳になってみなければ、分からない」と言っていた母の辛さは、今、まさに私自身がそのまま口にしたい言葉となった。だからこそ、自分自身が今よりさらに年老いてもなお、老い故に生じる不安や苦痛に耐えることができるのだろうかと不安になる。

思いめぐらせた挙句に到達するところは、たとえどんなに辛くとも、多少なりとも心にゆとりが持てれば、人は年老いてもなお「笑う」ことによって、辛さを和らげることができるのではないか、ということであった。それもまた父母の老い行く姿から学んだことかもしれない。

かつて哲学者ニーチェは、人は「人間を抑圧するものを批判する笑いによって、解放という効果」を得ると言い、転じて後生、ヴィクトル・ユーゴもまた、人は「ユーモアを通して…自分の神経症の症状を（さえ）…克服することを学ぶ」、と笑いの効果を是認する。（中山元、前出、本書序章）。それにしても、この「笑い」という誰にとっても身近で素朴な課題が、古来、何故かくも多くの人々の心を魅了して止まないのであろうか。

本書冒頭で、私は書いた。「笑う門には福来る」。その笑いは時には自然体の中に見つけることもある。だが、多くの「笑い」は愚策といえども人が作り出す。それでいて、その笑いの境地に入《はい》れるのは、あくまでも人次第。中には冗談など下らないと、その境地に入ることを拒み、あるいはその機会に気づかぬ者すらいる。

思えばユーモアとは、理屈と屁理屈のせめぎ合いの中から生まれ、その屁理屈が理屈を制するという不合理の中から誕生する。その不合理を許容できるか否かは、心にゆとりが持てるか、持てないかで決まってくるのであろう。してみると、ユーモアを以て笑えるという心の境地に至れるのは、まさに天からの贈り物としかいいようがない。

もしその贈りものを喜んで受容できるのであれば、人は老いても笑いの境地に入ることができるのかもしれない。笑うことがあってこそ、人は穏やかに生きられる。それは人と人との出会いの中でもたらされる笑いこそが、人を豊かにするからである。そのことを老いてもなお、いや、老いたからこそ心に留《とど》め置ければ、人は人生というロードレースの勝者になれるかもしれない。

おわりに

今から二〇年ほども前のことであったろうか。私の老いもまださして現実的ではなく、世相もまたオレオレ詐欺こそあれ、今ほど物騒な時代ではなかった。そうしたある日、近在の古美術商というところから電話があった。「お宅で長年大事に愛用していらしたもので、今はもう不要だというものはありませんか?」と訊く。

該当するものは一つしか思い浮かばなかった。そこで、「私」と言うと、受話器の向こうからはおそらくは破顔一笑したかのような笑い声が聞こえ、(生憎電話で顔は見えなかったものの)「では、いずれまた」と、明るい爽やかな笑いのうちに電話は切れた。尤もこの手の憎まれ口は、昨今の物騒な世の中では自ら慎み、心当たりのない電話には対応しないことにしている。

かくして時が移ろう中、久方ぶりに会った友人や知人は、決まって「お変わりもなく」と言ってくれる。無論それは「変わりなく元気だ」という励ましの言葉だとは分かっている。だが、ついつい言ってしまいたくなるではないか。「まあ、昔からこんなに年寄りだった?」。折角の励ましを無にするようだが、年齢と共に表面化する侮れない変化を、嫌みたらしく笑いのうちにごまかしてしまう。

歳とともに変化する顕著な例の一つは、かつては服用することもなかった薬が目に見えて増え、それが日常化していくことかもしれない。殊に際だって薬嫌いであった私が、今では数種類の薬を毎朝服用する。むしろこれまで元気で生きてきたことに、まずは感謝するのが常道ではあろう。

それでも心臓の手術後は、血液をサラサラにするバイアスピリン、胃酸の分泌を抑えるタケキャップ、コレステロールを下げてカルシウムを補強するビタパスタチン・カルシウム、ビタミンDを補給するワンアルファ、それに脊柱管狭窄対応のため、これまた血液の流れをよくするというリマプロスト・アルファデックスと、計五種類の薬を服用する。それらに加え、病んでいる目のために医師の指示を受けて、ルテインを補強するサプリも飲んでいる。あるいは多すぎる量ではないかもしれない。だが、薬を余り服用してこなかった私にとっては、かなりの数量となる。

これら薬の摂取を怠ったり、あるいは何らかの理由でどれかの薬を欠損させたりしないため、私はとりあえず、これらの薬に名前をつけ、毎朝点呼しながら服用することにした。下らないことだと、侮蔑する人もいよう。それでも我が道を行くとばかりの点呼である。

まずはバイアスピリンだが、セブンイレブンの看板にあるような赤と緑の段だら線でデザインされていることから、セブンイレブン。胃薬のタケキャップはタケちゃん。コレステロール対策のビタバスタチンはコレちゃん、ビタミンD補給のワンアルファはワンちゃん。そして脊柱管狭窄対策はリマちゃんと言った具合である。薬の一粒、一粒に小さな印字で薬名を記したその可愛らしさに敬意を表し、タケちゃん、コレちゃん、ワンちゃん…と点呼することで、どの薬も愛おしく、飲み損なうこともない。他人が聞いたら、イカレテイルと思うだけのことである。

独り身でいると、薬の点呼のみならず、自分自身で会話することもある。思わぬヘマをして自嘲せんばかりの思いに駆られた時、思わず「馬鹿ねえ!」と心の中で叫んでいる。時にはこっそり声にも出してみる。すると、どこからか聞こえてくる「別の自分」がいて、「そうよ、今、分かったの?」と言っている。多重人格ではないものの、自己による相槌は時に心の憂さを晴らし、思わずニンマリとしてしまう。年老いて目立つ苛立ちを押さえる一手ではある。

今回こうした駄文を連ねるうち、本題となる「笑い」について考察するに当たっては、できるだけ卑近な実体験を基にした。そのため必然的に、自分の一生を通じて最も近くにあった家族がより多くその対象となる。そうした卑近な例こそが紛れもなく我が身の実体験であり、偽りがない。そう思いつつ両親の足跡を辿れば、生前には気づかず、ましてや伝えることもできなかった両親への賛辞と謝意が改めて心に渦巻いてくる。無論彼らが聖人君子であったわけでもなく、家族の日々が常時、平穏無事・順風満帆であった訳ではない。それでもなお、今や父の享年を過ぎ、母の没時にも近い年齢となった私が、もはやこの先、両親の足跡や力量を超えることはないであろう。

その中で、卑近な例を基に「笑い」について考えているうち、一体、何が本当に自分にとって心のゆとりになっているのだろうか、考えさせられてしまう。だがそれを余り深刻に考えていたら、かえってゆとりを失ってしまうかもしれない。私は私なりに、あるがまま、なすがままに自分を受け止められることができるならば、おそらくはそれが自然とゆとりになってくるのだろう。

最後となるが、今回もまた拙著の出版に当たり、多くの方々にお世話になった。殊に元同僚で教育学・教育史専門の北村和夫氏には、前回に引き続き、専門領域では無論のこと、それを超えてまでもの豊富な知識と貴重なご助言を頂き、感謝の言葉も見当たらない。また絶えず激励の言葉を投げ続けて下さった幾人かの友人たちに心から御礼申し上げたい。

一方、論創社には、今回で四度目となる出版を、以前にもまして温かく忍耐強く支援して頂いた。ここに論創社社長・森下紀夫氏、そして丁寧に校正に当たって下さった編集部の松永裕衣子氏並びに柳辰也氏に厚く御礼を申し上げる次第である。

著者

二〇二五年一月

［著者］
青木怜子（あおき・れいこ）
聖心女子大学名誉教授。1935年、神奈川県生まれ。聖心女子大学文学部英文科卒、ジョージタウン大学院史学部修士課程修了。聖心女子大学文学部教授などを経て、現在、同大学名誉教授。第47・48回国連総会日本政府代表代理。国際大学女性連盟（IFUW）元会長。大学女性協会元会長。国連 NGO 国内女性委員会元委員長。著書に『西部アメリカの素顔』（鷹書房）、『私の中のアメリカ @us/nippon.com』、『旅、国境と向き合う』、『ロールモデル・アメリカを追って』（いずれも論創社）、共著に「中部大西洋諸州」『アメリカの地域—USA Guide 2』（弘文堂）、「国連と女性—ジェンダーエクィティーへの道」『共生と平和への道』（春秋社）、共訳書に『怒れる西部』（玉川大学出版部）など。

ユーモアを愉しむ

2025年4月10日　初版第1刷印刷
2025年4月20日　初版第1刷発行

著　者　青木怜子
発行者　森下紀夫
発行所　論 創 社
東京都千代田区神田神保町 2-23　北井ビル
tel. 03（3264）5254　fax. 03（3264）5232
web. https://www.ronso.co.jp/
振替口座　00160-1-155266

組版／フレックスアート
印刷・製本／中央精版印刷
ISBN978-4-8460-2440-6　©2025　Printed in Japan